超越
麥克風的
影響力

表達藝術與全方位主持 實戰 技巧

陳凱倫 ——— 著

公益活動

1 耶誕公益活動,與當時的社會局長陳菊。

2 台北市政府舉辦的「全國志工日」園遊會,hold住麥克風靠功力。

3-4 國民黨主席吳敦義情義相挺「十全十美」公益藝術聯展。

5 「十全十美藝術聯展」藝術總監張琍敏小姐。

1　香園教養院「讓愛團結」戶外園遊會。

2　為銀髮族舉行的歲末聯歡。

3　與最佳公益拍檔孫翠鳳、拍賣官陸潔民，
　　共同為公益藝術進行慈善拍賣！

4　我的常態性公益探訪，為長者而唱。

5　拍賣得標，開心啊！

6　與王彩樺攜手為家扶公益演出。

7　「讓愛發光，讓生命亮起來」關懷演唱會。

1 蔡英文總統出席「國際身心障礙
　者藝術巔峰創作聯展」。

2 台中市長林佳龍非常重視「台中
　市保全日表揚大會」。

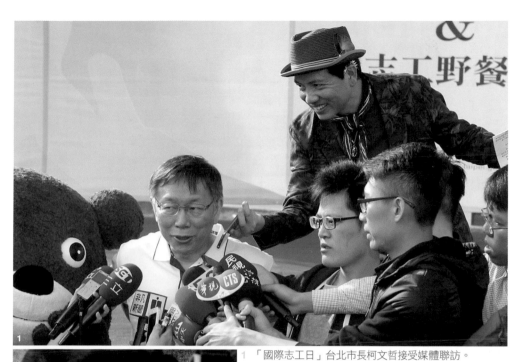

1 「國際志工日」台北市長柯文哲接受媒體聯訪。

2 上場前,彩排後,再加強筆記。

新北市蘆洲李宅舉辦「台灣光復71週年紀念特展」開幕記者會的主持過程。

文化活動座談會

1 高雄師範大學校慶「精彩49、榮耀50民歌公益音樂會」，訪問〈外婆澎湖灣〉創作人葉佳修。

2 台灣經典歌樂70——慈善募款音樂會。

1-2　2017年文博會活動。

3　《大愛會客室》2000集,左起方季韋、孫明明、孫翠鳳、
　張美瑤。

4　昔日的《大愛會客室》,訪師兄姐及分身演員。

台北市政府文化局主辦「漢字文化節」系列活動。

1-3 「國家建築金獎」頒獎典禮。

4 企業家夢想的「金峰獎」。

5 表揚優秀中小企業、經理人以及優良商品的「金炬獎」。

1 蕭敬騰當選「十大傑出青年」。

2 很榮幸參與51屆電視金鐘獎評審團，走在星光大道上。

記者會

2017年初，永達社會福利基金會關懷弱勢少兒的「紅包愛」活動。

記者會

1　一場為慈善音樂募款的中外記者會。

2-3　台灣影視幕後推手，對台灣廣播、電視、電信工程業務貢獻70年，洋洋實業70週年慶中外茶會！

1 璟都建設戶外記者會。

2 大陸永達理業務表揚大會（浙江省紹興上虞）。

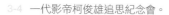

1-2　為恩師「聲音巨人」李季準主持追思。

3-4　一代影帝柯俊雄追思紀念會。

1-4　航運企業家程正平先生追思會。

5　雕塑家楊奉琛先生音樂追思會。

蕭敬騰、黃子佼上我的大陸廣播節目《好好品歌詞》。

河清海晏水太平
愛情到老不變質
沐沐春風溫柔鄉
永結同心相扶持
余為仙女下凡塵
柔順文雅格調高
和睦相處敬如賓
安邦定國棟樑才
禹治大水救蒼生

臺藝大老師愛子婚禮。

好友孫翠鳳愛女婚禮。

雄獅有情人成眷屬。

羅東電腦工程師婚禮,採訪、前置協調、看場地,並幫忙將新郎學生集訓成婚禮執行團隊。

1-2 與媒體合辦「全方位跨界主持王」結業式。

3 寒假的文創產業研習班。

4 為台灣學生開的表演藝術課程。

5 致理科技大學的課堂上。

6 我在上海第一次開課,邀請好友澎恰恰教課。

7-9 為大陸學生開的暑期表演藝術研習班。

10 黎明科技學院講座。

7

8

9

10

1　主持香港城市天使選拔賽。

2　喜悅集團尾牙。

1　廈門「海峽兩岸電視主持人高峰論壇」應邀分
　　享30分鐘。

2　主辦「全方位主持培訓課程」與楊千霈老師合
　　作教學。

3　在看守所主持黃明鎮牧師《白髮飛行少年》新
　　書發表會。

4　擔任黃馬琍《我願意》新書發表會主持人。

小燕姐，永遠是我們主持界的良師益友。

我的3屆金鐘獎，用了20年持續努力方有成。

臺藝大同學會。

CONTENTS
目錄

1

準備登台！建構主持人三大素質——熱忱、認真、自信心

2

開口就感動！──主持人的說話術

3

台前台後 HOLD 得住！──主持人的實戰眉角

4

場合不設限！──當一名全方位主持人

5

超越麥克風的影響力──你，也可以成為主持人

〈專文推薦〉

用麥克風創造精彩人生

黑幼龍

通常在推薦一本書的時候，往往會強調這本書的內容或其影響力，但我更想多推薦一下這本書的作者——陳凱倫，以及我對他過去人生起伏的感想。

其實這本書不只是在討論麥克風前的功力而已。在眾人面前的溝通能力的確會改變一個人的一生，進而影響眾人。巴菲特就說過，他本來是一個害羞、內向，不善言詞的年輕人。在他二十歲那年，參加了卡內基訓練，從此不僅能藉由麥克風成為世界首富，並且將百分之九十九的財產投入慈善事業；更重要的是，他變得熱愛溝通，藉由麥克風將理念與大家分享，特別是喜歡與大學生、中學生分享。

整整三十年前，一九八七年，陳凱倫在華視錄製節目的時候，有一位現場工作人員跟他說，你在主持節目時，好像缺少

了些什麼，像是自信、信服力、穩重或權威感之類的。陳凱倫聽了後，就來報名參加我們的溝通人際關係訓練。他與其他三十幾位學員一起，每星期一個晚上，走到教室前面，與大家分享他的心路歷程，喜怒哀樂。

經過三個月的磨練，他建立更強的自信，增進更吸引人的溝通能力，與朋友、粉絲的互動也愈來愈密切。

記得有一次知名歌手文章跟我說，他好幾次在大型活動中，看到陳凱倫的表現，覺得他變了，變得好有魄力。這就是自信的表現。

也是在那段時期，有一位《中國時報》的記者跟我說，陳凱倫特別來向她表達感謝。因為幾年前在他陷入低潮的時候，她曾主動給予支持。這位記者表示，凱倫真是位知恩、感恩的朋友。

我之所以舉出這幾件具體的事情，主要是想說明：

● 陳凱倫樂意接受別人的意見，而且真的因此採取行動，提升自己的形象。那位華視的朋友一定頗有成就感。

● 他有毅力，堅持到底。二十年前正是台北交通狀況的黑暗期，連續十四個星期，每星期一個晚上到耕莘文教院

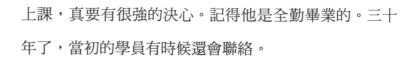

上課，真要有很強的決心。記得他是全勤畢業的。三十年了，當初的學員有時候還會聯絡。

● 他的學習能力很強，而且立即學以致用。除了歌手文章之外，還有好多位朋友談到陳凱倫的改變。每次聽到這樣的評語，我都會與有榮焉。

這三十年中，凱倫繼續主持各種節目與活動，還獲得三次金鐘獎的殊榮，擔任大型活動主持人，並主持過很多次公益、慈善晚會。

這段期間他也完成了婚姻大事。記得他喜獲麟兒時，我與幾位朋友還到醫院去探望凱倫與莉屏。兒子長大後，在青少年期間陷入低潮。

一般人在此重大打擊下，可能一蹶不振，或心灰意冷。但凱倫一家人勇敢面對，重新站起來，而且兒子還成了凱倫的學弟。凱倫更意氣奮發地回母校，與學弟妹們分享舞台、螢光幕，以及麥克風前的人生。

讓我們一起來祝福他。

（本文作者為卡內基訓練大中華地區負責人）

〈專文推薦〉
超越麥克風影響力的陳凱倫！

劉晉立

陳凱倫先生從八歲開始，以童星身分進入演藝圈，投身於電影、電視劇、節目主持等工作。凱倫的敬業態度，其演藝事業上戰績赫赫，榮獲一九九三年「中國文藝獎章──廣播主持獎」、一九九一年「第二十六屆廣播金鐘獎──最佳綜藝節目主持人獎」、一九九八年「第三十三屆廣播金鐘獎──最佳綜藝節目獎」、二〇〇八年「第四十三屆廣播金鐘獎──綜合節目主持人獎」，並十二度入圍金鐘獎。

本人與凱倫的相識，是從臺藝大開始，他是我在戲劇學系教授的學生，從問學、生活到工作，看到他的態度謙遜、做事認真負責。記得二〇一六年年初，邀請凱倫擔任學校年終餐會節目主持人的工作，在籌備會議時，他對活動流程、節目安排、提供獎品者與抽獎者的背景介紹，準備鉅細靡遺，活動氣氛和

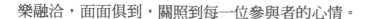

樂融洽，面面俱到，關照到每一位參與者的心情。

二○一六年，臺藝大表演藝術學院製作《老師，謝謝您》音樂舞台劇，當時原先規劃飾演主要角色「李樹林老師」的演員，身體不適無法接演，在思考誰能夠飾演七十歲退休老師之際，突然閃過跟我在課堂中是師生、在平常是朋友的凱倫。我馬上致電凱倫，而他對此事的重視，親自與我談了快一小時，隨後便答應邀演，當時確實解了劇組的燃眉之急！在將近三個月的排練期間，我常至劇組排練場看排練，看到凱倫在角色詮釋、演員自我功課以及準時到場的那份專業與專注態度，在演出完觀眾對他謝幕時的鼓掌聲中，可以知道他的努力、敬業與演出的藝術成就，獲得觀眾極高的肯定。在此，再次向凱倫表達我的深深感謝與敬意。

凱倫的新書《超越麥克風的影響力》分享他在工作上的專業與經驗，是一本能提供大家實務心得的工具書。相信看完本書的讀者們將會進一步了解，主持人的專業知識與實務，以及其應有的專業態度。

（本文作者為國立臺灣藝術大學表演藝術學院院長）

〈專文推薦〉
傳授畢生功力的「主持聖經」

謝向榮

　　放眼台灣，誰能左手主持、右手寫書？八歲演戲，二十歲唱歌？縱橫電視、廣播，掌舵綜藝、社教節目，既跨領域、又跨宗教，還陪伴你我，超越半個世紀呢？

　　這位傳奇人物，年少當紅叛逆，率先拍攝驚天寫真，震驚民風保守的戒嚴社會。後來，兒子繼承老爸反骨基因，所幸迷途知返、浪子回頭，還催生了星爸！這麼獨一無二的人生，就只有他——陳凱倫，能如此精彩絕倫！

　　雖然看起來年紀差不多，但我真是看凱倫哥長大的，看著他從綽號「小公雞」青春歌手的受訪者，順利轉型為底蘊深厚、挑起節目大樑的訪談主持人，接著在廣播發光發亮，榮獲業界最高榮耀的三座金鐘獎。對我來說，他是遙不可及的偶像。

　　所幸拜科技之賜，臉書上有著共同好友，但沒想到凱倫哥

會主動伸出友誼之手,跟我這位媒體後生晚輩問候、提建議、激盪新聞題材等等!與眾不同的他,常用 LINE 錄音方式傳達訊息,雖然我身為逾二十年資歷的新聞主播,但是跟這位資深前輩比起來,他聲音的磁性、敘事的張力,口語描述故事內容的畫面躍然眼前,再再讓我知道,自己需要加強的地方實在太多了!

後來受邀參加凱倫哥的廣播節目,才更加了解他屹立不搖、成為長青樹的原因。我相信以他近一甲子(抱歉,透露年齡!)的功力,隨機信手拈來,勢必都能完成流暢無比的訪問,但您知道他準備多久嗎?兩、個、禮、拜!他親自選購我所開出影響一生最重要的幾首音樂曲目,當作訪談的襯底音樂,還仔細閱讀相關資料。見微知著,這讓我見識到凱倫哥之所以成為主持界第一把交椅的原因,不管手上任務的大小輕重,都審慎面對、認真全力以赴,無怪乎他所掌控的每個環節,都能流暢無比,達到超乎預期的成功。這給後輩的我,上了非常重要的人生課程。

一九九五年為了慈濟大愛開台,跟葉樹姍共同擔任主播的陳凱倫,後來跨行大方指導一九九五年進入新聞界的謝向榮。

如今他更要以這本窮盡畢生功力，用文字煉鑄成的「主持聖經」，傳授加持給兩岸有志主持工作的人，也讓對於溝通說話藝術有興趣的民眾，更深入剖析陳凱倫及其他知名主持人的隱藏版內涵技巧。恭喜凱倫哥出書，也祝福幸運讀者。

（本文作者為 TVBS 新聞部主播）

〈專文推薦〉

成為優秀主持人的學習之路

楊小黎

小的時候拍戲拍電影，開始主持節目是在國小六年級，那個時候合作的搭檔是黃子佼佼哥。我記得他一天都要看七份報紙，並且常常跟我說，資訊落後的話是沒辦法成為優秀的主持人。那時候我還小，但留下的深刻印象是：主持人真是個需要不斷充實自己的職業，好不簡單。

後來，國中主持一個外景節目入圍了金鐘獎兒童節目主持人，從那個時候開始，心中冒出了一個想法：也許以後我可以努力成為一個不錯的主持人！

於是，我開始研究當時的偶像陶晶瑩陶子姊，還發誓如果沒辦法當她的政大傳播學院學妹，我就不要再回娛樂圈。那段求學過程中，我大量地看各種陶子姊主持的節目，體認到主持人要當稱職的綠葉，身段要柔軟，反應要機靈，還要找出自己

的個性，就像變色龍一般，在各種不同的場合，成為適合那個氣氛的模樣，但也要保有自己的特色。然而沒有實戰經驗，這樣子的空想也太難了！

後來，我考上了政大廣電系，在政大的幾年時光，主持了上百場的活動，原本以為自己已經準備得很好，沒想到踏出校園之後，真正的挑戰才開始！

初出茅廬戰戰兢兢，是有辦法把每一場活動都一字不差地順利帶完，該笑的時候笑，該歡呼的時候歡呼，但總覺得缺了點餘韻，那到底是什麼？

後來遇見了凱倫哥，他敬業用功力求完美的工作態度，讓我非常佩服。我才了解到連說話的節奏、拍手的時間點、笑容的弧度、用字的精確、走路的節拍通通都是學問。最重要的是，他把每一位受訪者都當成朋友。

對呀，因為是朋友才會真誠地交談，因為是朋友才會誠懇地相視而笑，因為是朋友才能打開心房和你說說笑笑。

就是這個，「真誠」。

主持人是容易成為雙面刃的職業，可以給予溫暖，也有可能讓人一刀斃命。從事這樣關乎人性的工作，如果自己不當個

有溫度的人，那擁有再專業的技術也是枉然。

　　要做到隱惡揚善卻不巧言令色，要能夠妙語如珠但不逞口舌之快，這其中的拿捏就是關乎自我道德的要求。

　　好的道德標準，來自於真誠對待自我和他人；而好的主持人，取決於你是不是個真誠有溫度的人。

　　主持這條路算一算也不過走了六、七年，不斷學習的熱忱是主持人的基本配備。很慶幸一路上遇到很多非常優秀的老師，也有許多可以引以為戒的對象，要學的還很多，但從主持這件事，我更學習到了重要的做人處事的道理。

（本文作者為新生代優質全方位藝人）

〈專文推薦〉

用「足」與「誠」，
達到主持的最佳境界

方舟

和凱倫大哥有緣，在九〇年代初，上海的一次春節綜藝晚會上，我認識了台灣金鐘獎主持人陳凱倫和他美麗的夫人、長髮飄飄的莉屏姐。凱倫哥也是我認識的第一位台灣籍主持人，我們一見如故。我不是特別會和人打交道，但我們一下子那麼熱絡，實在是他們夫婦倆的謙和、熱情、周到、溫暖感染了我。

當時凱倫大哥正在主持《歡樂九九九》，我聽了特別喜歡，那時我正從播音員向主持人轉型。做一個怎樣的主持人？是我正在思考的命題，聽了凱倫大哥的節目，似乎一下子有了感覺，找到了靈感，我後來的主持受到他很大的影響。

無論是大明星還是普通人，凱倫哥都能下了和對方拉近距離，談笑風生，談資源源不斷，故事一個比一個精彩。後來

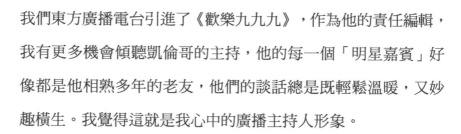

我們東方廣播電台引進了《歡樂九九九》，作為他的責任編輯，我有更多機會傾聽凱倫哥的主持，他的每一個「明星嘉賓」好像都是他相熟多年的老友，他們的談話總是既輕鬆溫暖，又妙趣橫生。我覺得這就是我心中的廣播主持人形象。

他是個媒體人，更是個溝通家，做有心人，做用心事，主持前總是做足功課，主持中他更是以誠感人、以誠動人，因為這個「足」、這個「誠」字，嘉賓在他的節目裡總是給的料最足、內容最好聽。

我記得凱倫大哥跟我說過，他生活中，無論是在機場，還是在朋友聚會的餐桌上，他手裡總拿著採訪機，隨時就記錄下一次妙趣橫生的對話，然後放到他的節目，增加了很多的鮮活度。對他來說，生活和節目沒有嚴格的分界線，所以他的主持，不需要「專門呈主持狀」，他一開口，就可以在舞台上、麥克風前，把一檔節目活色生香地炒將起來，自然而然，卻是功夫在詩外。

這些年我人到中年，崗位也換到了台職能部門的業務管理。凱倫哥長我幾歲，而他似乎完全沒有停下來的樣子，無論是廣播電視，還是社會舞台，他都兢兢業業，把每一次主持，當做

第一次那樣認真對待，一絲不苟，不斷創新，力求盡善盡美。

前兩年的機緣，我把凱倫哥請到上海，給我們的年輕播音員主持人、年輕的學子進行授課。記得第一次，邀請他是在上海的「東方綠舟」，那是我們上海廣播電視、全台播音員主持人的業務培訓，一共有四、五十多位播音員主持人參加。在整整三天的課程裡，其中有一堂就是凱倫哥帶來的主持課，雖然只有半天的課程，但是凱倫哥做了充分的準備。我記得上場前，他雙手握著他兩個助理的手，一起祈禱課程圓滿順利。等他一站到講台上，他的狀態就像上場主持一般，立刻變得鬆弛飽滿、親和幽默，大家一下就被他的講課吸引住了。精彩的內容就如汩汩清泉，源源不斷地鋪展，生動的例子、接地氣的理念、熱烈的互動、豐富精緻的 PPT，讓在場的播音員主持人大呼過癮，覺得這堂課上得太值了！

而在這讚譽的背後，我看到的是凱倫哥的為人，做事的認真、誠意、擔當和功力，這是一個好主持人的精神境界。

後來，我們又請他去「上海視覺藝術學院」，給那裡正在就讀大學的播音主持專業的大學生們進行講課。那些孩子都只有二十歲左右，那次講課，也在孩子們中間引起了轟動。他和

這個年齡階段的學生們，採用的更多是問答式的互動教學法，他不是一個人在講台前「滿堂灌」，而是拿著麥克風「滿場跑」，滿場地和坐下的播音主持學子進行互動、交流。

多年後，很多畢業了的學生都還記得這堂課，他們說，「凱倫老師的講課，對我們幫助太大了，他所講的一些理念、一些思考、感悟，隨著時間推移越來越覺得受益、有感觸。」

後來，「浙江廣電集團」要對全體播音員主持人進行業務培訓，讓上海視覺藝術學院來設計培訓課程，我們便把凱倫哥的課推薦給了他們，他們一眼相中，決定邀請凱倫哥。第一次上課是在「上海視覺藝術學院」，凱倫哥的講課認真嚴謹，生動親和，又一次深深地感染了浙江廣電的年輕播音員主持人！

凱倫哥應該不知道，在課後的無記名打分當中，他們給予了凱倫大哥課程最高分的評價。第二年，當「浙江廣電集團」再次啟動崗位業務培訓的時候，他們點名要求凱倫大哥專門去杭州、去浙江廣電集團給他們登門授課，可見他課程受歡迎的程度。

總之，這些年凱倫哥除了自己不斷辛勤耕耘在主持的舞台上，同時，他也把很多的精力放在了教學、和培養年輕人的方

面。他把自己的業務理念、經驗、甚至業務教訓，毫無保留地傳授給年輕的主持人。他的講課一如他的主持，有內涵、有魅力，受到廣泛歡迎，而這一切都是源於他的真誠、他的思考、他不斷的積累。

他就像一部永動機，不知疲倦，用生命綻放，用生命奉獻，奉獻給這個時代、奉獻給他的衣食父母——他的聽眾、觀眾們！

（本文作者為上海廣播電視台　播音主持業務
指導委員會主任、播音指導）

〈專文推薦〉
台上台下全情投入，用心在走每一步

黃琬彬

　　初識凱倫，是在台北一家頗有調調的咖啡館。大概是下午兩點時分，友人一邊吃著巧克力布朗尼，一邊津津有味地向我介紹，一會兒即將見面的那位抱過三座金鐘的主持人。

　　回程的航班訂在當晚八點多，此時，外面的雨下得很大，屋內彌漫著暖暖的咖啡香氣，讓人有種夢幻般的感覺。一杯茶的功夫，他戴著一頂灰色帽子，一身白 T 恤，肩上背著個雙肩包，出現在我的一旁，抬頭一看，他正帶著隨和親切的招牌微笑低頭與我打招呼。就這麼自然地，融入到我們的對話中。

　　我們的經歷有些相似，都做了幾十年的廣播，深愛麥克風前的工作，如今，他回到學校深造，而我回到學校教播音主持。他說自己很有「大陸緣」，在杭州固定有一檔廣播節目，也時常往返兩岸主持和教學。談話間，我發現他習慣性地拿起筆做

些記錄，涉及專業話題，他會認真地瞪大眼睛，了解兩地主持界的異同之處。

從廣播到電視，從台灣到大陸，從生活到美食，從主持到教學，我們談得很投機，相約一定要尋找機會，邀請他來廈門，為廈門理工大學傳播學院的學生分享主持經歷。留下微信的聯繫方式後，我們在街角的咖啡館裡拍照留念，在雨中依依道別。

回到廈門的第三天，在清晨的微信提示音中，我收到凱倫那檔充滿深情的廣播節目，與其說是一檔節目，他的節目聽起來更像是對人生的一種講述，一段故事，感人至深，耐人尋味。從此以後，我們常常通過微信了解彼此的忙碌，偶爾分享工作和教學中的感悟和體會。隔著海峽，我們成為微信朋友。

二〇一六年十一月，廈門理工學院得到承辦「第二屆海峽兩岸電視主持人高峰論壇」的殊榮。時任中央電視台台長的趙化勇和中央電視台《焦點訪談》知名主持人敬一丹都將蒞臨，並做專題演講。這是多麼難得的機會，我果斷向主辦方推薦了陳凱倫，並向主委會遞上了當年在台北，凱倫贈送給我的那本寫滿他職業生涯的故事與悲歡的宣傳畫冊，一週後，主委會通過審核，決定由我出面，正式邀請陳凱倫來參加此次盛會，並

在開幕式主論壇做專題演講。

　　由於此次論壇的規格很高，主講嘉賓只選了四人，除了時任中央電視台《焦點訪談》當家主持敬一丹、中國傳媒大學播音主持藝術學院副院長李洪岩、浙江傳媒學院播音主持藝術學院副院長倪琦珺外，台灣只邀請了陳凱倫。第一時間，我將這個消息告訴了他，電話那頭，他十分真誠地道謝，並告訴我，一定盡心盡力準備主題演講，不會讓大陸的專業人士失望。我心想，像他這樣經驗老道的主持人，特別是剛剛擔任過金鐘獎的評審，幾十分鐘的演講，信手拈來，便是精彩，這場分享對他來說，應該不會太費勁。

　　大概一週後，一天清晨六點左右，凱倫發來一段長長的資訊，告訴我，此時他剛剛離開台北的工作室，主題演講的選題準備了兩個，請我幫忙定奪，並附上了精心剪輯的一段視頻。從那時起到離開台北來廈門參加論壇的前兩天，我幾乎每隔三、四天，便會收到凱倫發過來的最新演講修改視頻，每次都是經過一整晚的剪輯，第二天清晨再發送給我。視頻也從最初一個小時三十分鐘，精簡到終極版的三十分鐘。他對專業的這份嚴苛和執著，真的嚇了我一跳，對比大陸的某位知名嘉賓，

臨上場前，主委會還拿不到她的演講內容，凱倫的用心和敬業實在令我佩服。每收到一次視頻和文字，我都會第一時間分享給籌委會的工作同仁，他們看後也感慨不已，回頭一想，陳凱倫在台灣主持界這些年得到的榮譽和口碑，是他一點一點地努力積累起來的，他為什麼能做的比別人好，這樣一看，便明白了！

二〇一六年十二月十四日的傍晚，陳凱倫剛剛結束台北的一場公益活動，立刻風塵僕僕趕往松山機場，在廈門這頭等待迎接他的，是我和我的幾位對他仰慕已久的播音主持專業學生。出關的人潮漸漸少了，他，還是那頂熟悉的帽子，一身灰色呢大衣出現在我們的眼前，聽說，當天出門太匆忙，傍晚到了機場發現天氣很冷，才臨時在機場買了這件大衣，穿在他身上很得體。一到酒店，晚飯還沒吃的他，立刻翻開行李箱掏出給我的禮物，有圍巾、有耶誕節的配飾、還有給我女兒和先生的小禮物。我心想，他連自己的大衣都忘記帶，竟然箱子裡塞滿了給我和家人帶的東西，這或許就是台灣人身上的那份人情味，東西不在貴重，心意啊！比什麼都值得珍惜，這個細節令我感動不已！

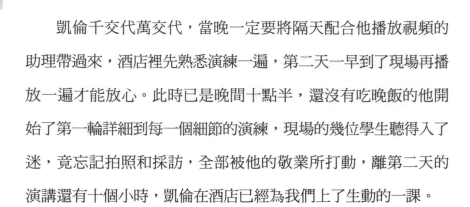

　　凱倫千交代萬交代，當晚一定要將隔天配合他播放視頻的
助理帶過來，酒店裡先熟悉演練一遍，第二天一早到了現場再播
放一遍才能放心。此時已是晚間十點半，還沒有吃晚飯的他開
始了第一輪詳細到每一個細節的演練，現場的幾位學生聽得入了
迷，竟忘記拍照和採訪，全部被他的敬業所打動，離第二天的
演講還有十個小時，凱倫在酒店已經為我們上了生動的一課。

　　一碗廈門地道的消夜，「酸筍麵」結束了當晚的彩排，此
時已經是次日零點。

　　二〇一六年十二月十五日一早，主會場裡擠滿了前來參與
盛會的嘉賓，他們中有幾所重點高校播音主持專業的教授學
者、有各地電台電視台的一線主持人和記者、有來自海內外各
媒體，為報導本次盛會遠道而來的一線記者。陳凱倫第二個出
場，由於主辦方認為嘉賓的 PPT 基本都是只有文字，沒有聲音
的，因此現場沒有安裝音頻線。凱倫花了一個多月精心準備的
視頻，只有影，沒有聲。發現這個狀況，我立刻找來現場音響
人員，處理解決。心裡想，出了這樣不該出的狀況，此時在講
台上的凱倫，千萬不要受到影響，而我自己心裡卻十分難過和
尷尬。一邊盯著工作人員把音頻線接上，一隻耳朵仔細聽著凱

倫在講台上如何圓場。

　　畢竟是身經百戰的優秀主持人，他話鋒一轉，順著這個小插曲，講起了不久前在金鐘頒獎典禮上關於一個沒有設計好的台階而引發的的思考和教訓。他的應變如此之快，選擇的事件又如此應景，既合理地拖延了時間，同時也巧妙地給了主辦方一些警示和思考。我不禁在內心深處暗自佩服，拍手叫好！十分鐘光景，我一個手勢暗示，凱倫又將主題拉回到已經準備好的演講內容，接下來的四十分鐘，台下的觀眾數次流淚，掌聲不斷。一段精彩的演講，是當你的最後一句話音落下之後，觀眾還強烈地渴望，用他們熱烈的掌聲把你留在舞台，不捨你的離去。

　　此時的凱倫，心中的壓力和重擔完全放下了，這段時間來用心的準備，換來了觀眾的共鳴，他深深鞠躬，平靜的眼神看著台下的觀眾，微笑中彷彿在說：「感謝你們聽懂了我內心的聲音，我們後會有期。」演講結束後，紛紛有人在會場的不同角落發出這樣的感慨，「今天最值得聽的，就是台灣那個陳凱倫的演講，太感動了！」

　　二〇一六年十二月十六日中午，結束了工作的凱倫，一身

休閒，與我們坐在鼓浪嶼對岸「鷺江賓館」喝著午茶，聊著昨天發生的一切，姍姍（那天播放視頻的助理）拿著茶，走到凱倫面前，低頭道歉，「凱倫老師，都怪我，如果昨天上午我在現場試播的時候，再關注一下聲音能不能播放，而不是只看到圖像能夠播出，認為沒有問題的話，就不會發生昨天演講時的那個插曲了！對不起！以後我一定吸取教訓。」

面對晚輩的愧疚和道歉，凱倫親切地笑著對她說：「你這下知道，為什麼我昨天一下飛機，第一件事情就拉著你把流程走一遍的原因了吧！只有你把每一個細節和每一種可能都想到了以後，才能確保萬無一失。誰都會有過失，及時檢討，變教訓為經驗，壞事就會變成好事了。」

目送著他離開機場大廳，回首道別的一剎那，有種眼淚要流的感覺。頭尾三天，一幕幕不斷在腦海中重演，結束了廈門之行，台灣還有排得滿滿的行程等著他。

台上台下，他都是全情投入，用心生活，用心分享，用心在走每一步。

（本文作者為資深媒體人、廣播電視兩棲主持人，
現任廈門理工大學傳播學院副教授）

〈專文推薦〉

主持教我的一堂課

楊光

　　二○一三年的七月，我隨著浙江廣電集團的主持人大軍，去到了上海接受「主持人培訓」。在此之前，我已經做了九年的浙江省電台的主持人，我自認為，還算是個見過不少大場面的，且腦子還算靈光的主持人。

　　非常清楚記得那天的課程，凱倫哥可以說是盛裝出席，戴著禮帽，穿著西裝，出場還有助理配音樂，特別正式的樣子。

　　然而前半小時開場，他一直在說自己去海南主持朋友婚禮的前期準備和主持時遇到的突發。我真是完全沒耐心聽下去，甚至有點懷疑主辦單位幹嘛安排這麼個主持婚禮的主持人過來培訓我們？誰要學習怎麼主持婚禮啊？我們省台主持人，可是都不主持婚禮的，要主持的話，也必須是名人的婚禮，誰要主持一個素人的婚禮，還拿出來跟學生分享呢？

　　正當我打算在課堂上偷偷玩手機打發時間時，凱倫哥彷彿瞬間施展功力，一張張照片，一段段採訪，跟我們不斷分享。劉德華、關之琳、張國榮、林青霞，可以說那個年代最當紅的藝人他都採訪過，課堂上不斷爆發出哇哇的驚歎聲，我們那瞬間，都驚呆了！原來給我們上課的是如此優秀的前輩！而且就算有著這樣的璀璨履歷，竟然還能很認真的，給一個普通朋友那麼盡力去主持一個婚禮。

　　凱倫哥身體力行告訴我們：作為主持人，不要分場合去主持，大到一個群星盛典，小到一個素人婚禮，都要竭盡全力！說實在話，那一瞬間我非常慚愧。

　　回到杭州之後，台裡希望我做一些港台藝人的訪談，把節目的嘉賓擴大化，於是我第一個想到了凱倫老師。我抱著試試看的心情問他，是否可以和我們節目合作？想不到，他一口答應。甚至沒來得及細聊節目報酬，他只說了一句：我對廣播有情結。

　　而這一合作就是兩年多。期間，凱倫哥訪問了台灣的眾多詞壇大家：陳樂融、林秋離等，也訪問了蕭敬騰、江蕙等眾多一線歌手，讓我們省內的聽眾感受到了海峽兩岸的音樂情懷的

共同，或者是不同。凱倫哥在本台的廣播裡也迅速積累了一大批粉絲，很多聽眾跟我說：想見見他，想和他當面聊聊天。於是我就開始策劃一場晚會，一場屬於海峽兩岸的歌詞晚會。

跟凱倫哥無數次溝通之後，最後我們選擇在二〇一五的十月二十五號，在浙江美術館，舉行台灣詞壇大家「陳樂融老師的作品音樂會」。晚會非常成功，凱倫哥甚至還在主持間際，唱了一首老歌〈再回首〉，讓我們感受到了作為一個主持人，主持功力了得，才藝也了得。那次活動讓很多粉絲大呼過癮，也非常期待下一次的合作。

在生活中，凱倫哥是個偶像，是前輩，同時也是一個很好的老師。雖然不常見面，但常常在晚上刷到他的微信朋友圈，他會跟我們分享，他最近去做的一些事，加上很多他自己的感悟和體會。通常是很大的篇幅，但我都是一字不漏地看完。常常也會覺得自己還差很遠，要對工作投入更多熱情，對身邊朋友更真誠，更努力地去生活才是。

（本文作者為浙江廣電集團主持人）

〈作者序〉

關於主持，最重要的幾件事

　　有人天生會主持？台下口若懸河，採訪時滔滔不絕的人，就會是一位「出色的主持人」？主持人這角色，我將它比擬成一位懂得用心炒菜的「廚師」，不見得都是親自去採購，但至少任何食材，經過他的用心搭配、調味，最後都能料理成一盤秀色可餐的美味佳餚，這就是主持人的「基本功」──用心學習，實務操練，日久生情，自成一格！

　　當我第一次與**胡瓜**合作，同台主持，那是 SOGO 百貨內部年會，感謝當時還沒嫁給我的太太黃莉屏給我的機會！但是，胡瓜這張王牌，是我出馬親自到華視化妝室敲到的通告。原來，卡司對企業演出是這麼重要！

　　那一場與胡瓜同台的主持，我能只少少、偶爾地插上兩句介紹節目。胡瓜一開口，渾然天成的幽默感，立刻為全場帶來歡笑，台下觀眾是發自內心地用掌聲告訴他：「我們喜歡胡

瓜！」那時的我，是標準的菜鳥主持新秀！

　　小燕姐，在我的童星時代，我們經常有機會同台演戲。她的演技精湛，哭笑掌控自如，特別是真情流露的戲，小燕姐烏溜溜的大眼睛，令人印象深刻！有一年，已轉主持久未演戲的她，一個單元劇就拿下金鐘獎最佳女演員獎。記得當時有些人質疑（為什麼演一部就得獎？），但我知道，她的演技，標準的台上一分鐘，台下十年功！

　　小燕姐的演藝生命，是沒有僥倖的！七〇年代，台視《錦繡年華》、華視《綜藝100》，她的招牌 slogan：「搭拉哩搭拉，我是易百拉」；八〇年代熱鬧繽紛的《週末派》；九〇年代的《超級星期天》，以及後來的《小燕有約》，再到中天電視主持近七年、叫好叫座的《SS小燕之夜》。小燕姐從童星起家，超過半世紀的演藝資歷及人脈，少有藝人能像她擁有這麼豐富的生命資源，她看多也經歷過演藝圈的高低起伏，更懂得品德修養與包容力的重要性！

　　我記得，七〇、八〇年代華人巨星崔苔菁受訪時，曾當眾感謝她的鄰居張小燕，就算看到有人往來崔家，第二天報紙也不會刊出任何消息。小燕姐口風緊的厚道作風，讓海內外像苔

菁這麼大牌的藝人，都樂於將自己坦然交給小燕姐做專訪。這份讓人安心、放心的特質，是小燕姐長年主持談話性節目，立於不敗之地的重要原因之一！

有一位曾得到十大傑出青年以及多次金鐘肯定的優秀主播，一九九五年慈濟大愛台，在忠孝東路慈濟台北分會的佛堂前正式開播，很榮幸，我能與她並坐一起報新聞！

她的口齒清晰，反應靈敏，特別是臨場機智，讓當年「初為主播」緊張的我，深深佩服，暗自學習。特別是有一年，她轉換職場到台中市政府任職文化局局長，一場「珍愛自己・聽見真愛・經典老歌黃梅調演唱會」的公益音樂晚會，從爭取廠商贊助經費，到協調工作上最繁瑣的人際問題……我因為當時擔任晚會主持人，點滴全看在眼底，深深佩服她的體貼與成全大局的用心。她，就是做什麼像什麼，低調行事、樂在工作的**葉樹姍**。

《看板人物》主持人**方念華**，在台灣優秀的眾主播中，權威的風格給人一股特有的信任感，這是從主播台轉換到主持人行列，一項重要的特質。主持人除了親和力之外，還要能在最短時間 ，讓來賓任由你的訪問「予取予求」。特別是第一次受

訪的新朋友，主持人的誠意、讓人信任的能力，都是成功訪談相當重要的基礎。我相信，私底下的方念華，就具有這樣令人羨慕的特質。

還有一位新聞主播，從兒童節目轉型播報新聞，不僅具備專業能力，也屢獲金鐘獎的肯定。二〇〇八年，她主持中天電視的《沈春華 Life Show》談話節目，差一點就與自己的第十三座金鐘獎擦肩而過！

印象中，當時對於這位金鐘常勝軍，評審團有一說法是入圍即肯定，獎項若能鼓勵新進主持人，將更有意義。但另一說法認為，**沈春華**每戰必贏，證明了她的認真與專業，是努力不懈的優質主持人，不能因常獲獎就忽略她。更何況首次轉型擔任談話性節目主持人，對她而言也是另一種功力的挑戰。

仔細觀察就能看出，沈春華不是個照本宣科的主持人，特別在單一的訪談場地，她相當用心蒐集了受訪來賓的故事、資料，才能在看似一成不變訪談中，讓受訪來賓——同樣也是嚴謹播報的前新聞主播，因為主持人的訪問帶動，時而開心，時而落淚。這樣的主持功力，絕對不是靠運氣，而是經年累月的蘊蓄。專業本事及牽動人心的主持魅力，讓她的 Life Show 這

麼具有可看性。

最後，還是她！抱走了生命中第十三座電視金鐘獎！果真名副其實的金鐘常勝軍！

《星光大道》總評審，同時也擔綱主持的靈魂人物**陶晶瑩**，犀利又婉轉地問了陳銳第一個問題：「你應該就是那個出現在社會版的陳銳吧？你爸爸應該也姓陳吧？」台下觀眾一片笑聲，相信電視機前的觀眾也在心裡讚嘆，陶子已為人父母，懂得適時帶出重點，適時給有勇氣來參賽的每位素人歌手鼓勵。特別是競賽的節目，主持人將心比心，才能給他（她）們安定的心來表現！

在評審席中，陶子很懂得「做球」給其他評審，充分掌握歌唱競賽節目中，互動與感動的氛圍。由此我察覺到，陶子有一種讓人期待她開口的魅力！如同想要聽到鄧麗君、陳淑樺、蔡琴、王菲、齊秦等巨星的歌聲，並沉浸在百聽不膩的享受中。這何嘗不是出色、用心主持人的極致表現！

曾國城，在台灣綜藝主持人中，人緣好，口條佳，再加上長年在舞台劇的務實演出，他的臨場感、觀眾緣數一數二！他曾特別為他的恩師──台灣戲劇界大師李國修先生主持追思

會，真情流露的表現，令人敬佩！

另一位如日中天的主持人**吳宗憲**，他的機智、幽默備受觀眾肯定，他拿下第五十一屆電視金鐘獎最佳主持人。在他與女兒聯手合作的《小明星大跟班》中，宗憲突破了一般人與自己家人同台可能會有的不自在，反倒在女兒面前收斂了昔日口無遮掩的「舊習氣」。當訪問到資深的綜藝前輩，王夢麟大哥、黃西田大哥、北原山貓吳廷宏老師、馬如龍等重量級演員，宗憲收起嬉皮笑臉，自然流露出尊重的主持態度，並且一如往常輕鬆地與女兒吳姍儒互相搭配訪問。他終究回歸到主持人基本功上，無形中用身教提醒現場來賓席上的「眾星二代」，演藝倫理與尊重來賓的重要性！

在角逐金鐘的歷程中，我親身體驗到，雙人組的默契不易養成，迸出火花是可遇不可求的。每個組合需要時間與機運，如何平分秋色，互補加分，都是團隊精神的考驗。與其說吳宗憲父女的搭檔互為紅花綠葉，不如說，當初將兩位組合在一起的製作人，真是慧眼貴人啊！

更何況在今天的娛樂界，成功已非個人能夠獨霸，對團隊力量抱持感恩之心的人，才有機會與成功愈靠愈近！

就像**蔡康永**與**小 S 徐熙娣**，讓《康熙來了》在華人世界持續紅了十二年之久，當初看中兩人潛力，並撮合他們合作的製作人王偉忠、詹仁雄等團隊，功不可沒。小 S 不按理出牌，顛覆傳統的俏皮口條，抓住了年輕人的口味，也影響著新一代的觀念與主持人的表現方式。再加上蔡康永亦莊亦諧的風格，兩人絕佳的默契與信任，贏得廣大群眾的喜愛！

以上都是我在台灣接觸過的不同類型主持人，各自在主持崗位上屹立不搖，共通的特質就是用心經營，認真負責，少有人會為了收視率「信口開河」，揭人不願張揚的隱私。（或許有人是以此取勝，如果想走長遠路，就要慎思！）若不是觀念正確，態度嚴謹，怎麼能讓主持的壽命，歷久不衰呢？

其實，任何當紅主持人或藝人都會有離開螢光幕的一天，我們希望觀眾日後想到的是「喝彩」還是「歎氣搖頭」？特別是在你的家人與子女面前！

在電影《葉問》中，挑戰誰是正宗詠春的張天志，最後對葉問說：「我不是敗不知恥的人。」

葉問的回應成為經典台詞：「其實最重要的是你身邊的人！」

身為主持人，技巧與功力隨著時間的累積，實力已無分軒
輕，差別就在於做人處事，說出口的每一句話，當下的效果是
一時的譁眾取寵，還是能給社會帶來長遠的影響力。就像行事
低調嚴謹的葉問師父所言：「挑戰成功與否？其實最重要的是
你身邊的人！」

在這本書中，我分享了自己多年來在兩岸主持的實務經驗，
對於有心拿起麥克風的朋友，無論是演講、主持、報告業務，
或是公眾演說，我相信，應能帶給有心學習的你一些收穫。

期待這本關於表達藝術與主持技巧的工具書，名副其實，
助您發揮「超越麥克風的影響力」！

祝福各位，喜歡她，愛上她！

前言

執著做紅花，卻不知道自己是最佳綠葉
童星出身，轉型做歌手、演員，
直到走上主持之路，我才找到自己的定位

為什麼我會成為主持人？

轉型當主持人之前，我其實很徬徨。上了中學後，童星之路是走不下去了，但我不想離開演藝圈，在大導播龐宜安身邊當跟班學習，想繼續唱歌或演戲。在校園民歌最風行的時期，我與校園民歌奠基人梁弘志是好朋友，他做了一曲〈恰似你的溫柔〉，這首歌可謂是海山唱片民謠風的集大成之作。當初是他送給我準備出唱片的主打歌，他也陪著我進了錄音室，幫我用吉他伴奏且和聲，那是很珍貴、值得紀念的一段回憶。結果陰錯陽差，〈恰似你的溫柔〉成為蔡琴出道的代表作，當時我一心想當歌手，歌唱事業卻開不出一朵花。

這和周杰倫唱〈雙節棍〉一樣，憲哥吳宗憲曾想把這首歌

推銷給香港天王劉德華、華語歌壇天后張惠妹，兩人都覺得這
首歌太跳 tone，不是他們的風格。憲哥慧眼識英雄，要周杰倫
自己唱，果然大紅大紫，那時在校園裡，年輕人都跟著周杰倫
一起哼哼哈兮。

　　我心想，唱片賣不動，退而求其次，到歌廳秀場總行吧？
台灣歌廳秀大行其道的一九七〇到八〇年代，胡瓜等在台北市
西門町開了家歌廳，找來已故的資深演員「歐陽無敵」楊忠民、
重量級民歌手王夢麟、電視模仿秀鼻祖鄧志鴻以及我來主持舞
台秀。我還是執著著歌星夢，成為舞台的主角「紅花」，而不
是主持人這樣陪襯的「綠葉」，我便對瓜哥說：「我不會主持。」
瓜哥豪氣地拍胸脯說：「你來，我找人帶你！」

　　這些前輩拿起麥克風，一上台就讓觀眾爆笑，簡直和神一
樣，和他們一搭一唱，觀察他們的臨場反應，讓我受益匪淺。
那個年代最受歡迎的三大主持人是豬哥亮、張菲與邢峰，合稱
「南豬、北張、中邢峰」，他們的歌廳秀錄影帶在市場上叫好
又叫座。

　　歌廳秀表演看似光鮮亮麗，但藝人的個人投資相當可觀。
做衣服加上兩個舞群的人事成本，平均下來約七、八萬元，全

台巡迴十幾個歌廳，幸運點不過剛好打平。秀場的人際關係、職業生態相當複雜，正牌秀夾雜著牛肉秀，我每天煩惱著收支不平衡，又看著台前漂漂亮亮的女藝人，在後台卻像屍體一樣倒在沙發上抽菸、簽六合彩，幻想著一夕致富擺脫苦日子，這樣下去，怎麼會有明天？

好不容易擺平某次作秀的金錢糾紛後，我心一橫改行，當了華視的廣告業務，也深刻體會到這份工作的艱辛。演藝圈都心知肚明，走到幕後就回不了幕前。其實，當時選擇為電視台跑業務，內心還是想要有一天再拿麥克風。

某一天走在路上，我看到一位似曾相識像長官的長輩，我點頭微笑，基於做業務的本能，一個箭步上前向他打招呼並自我介紹，長輩很親切地問我：「凱倫，還習慣跑業務吧？有沒有遇到什麼困難？」當時我沒弄清這位前輩是何方神聖，竟說：「我去外面，別人問我是哪一家的？我想介紹自己是華視人，但就少了一張華視基本藝人的合約，講話就不能理直氣壯了。」這位長輩聽了點點頭。一星期之後，突然接到華視管理組電話，通知我去簽基本演員合約。

原來之前和我聊天的前輩，是華視總經理「吳寶華」！吳

寶華的知遇之恩我永生難忘。我的演員夢看似死灰復燃，但很現實的是，即使有一張華視基本藝人合約，藝人分為 A 咖、B 咖、C 咖，離開幕前好一陣子的我就是 D 咖，一串藝人名單擺在劇組面前，就是勾選不到我。

演藝圈打滾這麼多年，我深刻領悟到，除非擁有獨一無二的魅力，例如外型和金城武一樣帥、歌喉像蕭敬騰一樣好、韌性和蔡依林一樣強，其他人如你我都是普通人，找出自己的強項，在關鍵時刻適時轉型，是非常重要的。

一九八三年，我認識了太太黃莉屏，她在當時頗紅的影視雜誌《你我他》擔任主管。當年雜誌社舉辦一場母親節園遊會，我去打歌，沒想到原本的男主持人碰上大塞車，無論如何是趕不來了。聽說主辦單位在眾多藝人中，考量到我具備會唱會演的雙棲條件，於是臨時讓我上台當救火隊，和已故的《雙星報喜》女主持人鄒美儀做了一下午的主持。園遊會並沒有因為原本的男主持缺席冷場，現場觀眾也忘記我「只是來打歌」而已，把我當成正牌的主持人，跟著活動流程一起嗨。這也讓莉屏看出我有主持的潛力，日後她答應我的求婚時，唯一的條件就是「改行當主持人」。

　　要我放下歌星、演員夢，一心一意只做主持人，這是一場
理智與情感的艱難拔河。而莉屏以幕後專業媒體製作人的觀察
告訴我，歌手、演員隨著年齡增長，各方面條件將往下遞減，
只會愈來愈看壞。若仍執意幕前工作，只有「主持人」可以不
斷增長智慧、知識，並且隨著歲月的歷練，更加成熟、有魅力，
甚至獨當一面掌控舞台現場，成為一位有分量、有影響力的主
導者，反而能夠愈老愈看漲！的確，做一名能歌能舞能言能演
的「全方位頂尖明星」，是所有藝人的夢想。過去摸索後碰壁
的經驗讓我明瞭，演藝圈是非常現實的，有外貌不等於有實力、
有實力不等於有機會、有機會不等於能走紅、能走紅不等於可
長可久，演藝之路與其曇花一現，我更希望可長可久。

　　主持路上遇到的重要貴人，莫過於正聲廣播公司的秋華姐。
一日我們在忠孝東路上巧遇，她問我最近在忙什麼？我正好在
轉型的陣痛期，秋華姐熱情邀約，要我和她搭檔主持現場直播
call-in 節目。在她身上我學習到很多，包括如何服務目標客群，
為自己的聽眾設想，與來賓、受訪者營造互信關係，讓他們願
意順著我鋪的哏暢所欲言。每入踏入錄音室，我也都要求自己
做足功課，不 NG、不停機，努力做到最好。

　　雖然當時我不是廣電科班出身，但主持功力不只是字正腔圓，聽眾更在乎真情流露。與秋華姐搭檔一年後，電台給我一個獨當一面的時段。就在擔任正聲廣播公司主持人第三年，拿下第一座金鐘獎最佳主持人的肯定，我的主持事業終於開出一朵花。

　　我慶幸自己選擇了主持這條路，在廣播之外，我又回到朝思暮想的電視圈，在台視、民視、衛視中文台主持了許多年各樣節目。最後在大愛電視台擔任多元談話節目主持人十年。更有幸擔任前總統馬英九就職典禮茶敘的主持人，現任總統蔡英文、高雄市長陳菊也常常是我主持活動的座上嘉賓。

　　二〇一〇年離開大愛電視台，開始在兩岸奔走，除了擔任談話節目、頒獎典禮、大型活動、記者會的主持人，我也開班授課，在兩岸三地實地操作與分享主持心法。

　　我的主持人生涯獲得三屆金鐘獎的肯定，這個有趣又充滿挑戰的事業，無關乎個子高不高、人長得帥不帥、美不美，當你發揮熱情、用功準備，並且相信自己能好好發揮時，你的內涵就會發光，讓那個場子的所有觀眾得到滿足及賓至如歸的感受！

　　曾有一位算命師父在路旁叫住我：「你過的是倒吃甘蔗的人生。」雖然我沒有停下腳步算命，但這番話我放在心上，我不再執著做舞台上的主角紅花，全心當主持人這個「最佳的綠葉」，把明星名人主角烘托得更耀眼、讓觀眾的印象更深刻。

　　真心獻給翻開這本書的朋友，無論是要走上專業主持人之路，或是業餘兼職，甚至是當一次活動的救火隊，保證這本不藏私主持祕笈，讓你展現大將之風，掌握超越麥克風的超級影響力！

1

準備登台！建構主持人三大素質：熱忱、認真、自信心

1.1

熱忱投入
面對細節、處理細節、完美細節

　　在一場「保全日表揚大會」上，台中市市長林佳龍將親自頒獎。為此，在大會正式舉行的前幾天，我就搭高鐵到台中，下了車，馬不停蹄地開會、順流程、提建議。一切定案後，隨即與台中市保全公會祕書密切合作，重新編寫頒獎典禮的正式腳本，包括七十五位受獎保全人員的正確名單與背景故事，所有資料邊打字邊校正，雖然瑣瑣碎碎同時也要鉅細靡遺。

　　我一向自己編整主持人腳本，根據多年投身幕後製作的經驗，頒獎典禮不可能是拿到一堆名單資料，在上台照本宣科就能搞定。而最辛苦的，莫過於在表揚大會正式展開前，要為沒有領獎經驗、首次得獎的保全朋友彩排──從攝影區進場，到攜伴走「星光大道」的過程，七十五位得獎者都必須按照腳本的順序出場。

　　「星光大道」是主辦單位最重視，也是得獎者最榮耀的時刻。主持人的責任非常重大！彩排走星光大道，甚至比正式進行時還耗費心神。「凱倫兄，我們都是做事嚴謹的人啊！」台中市保全公會理事長張達錩一句話，讓我深感自己投注的精力是值得的！

主持心法

　　主持人必須面對細節、處理細節，才能隨機應變，為觀眾帶來額外的驚喜彩蛋。

　　看了上述開場故事，未來的主持新秀們一定很納悶，怎麼做一位主持人，必須經手這麼多「案頭功課」？這些不是交給活動企劃就搞定了嗎？

　　不少人誤以為「司儀＝主持人」，拿到主辦單位給的流程、照唸下去，事情就水到渠成了。事實上，魔鬼藏在細節裡，主持人必須有面對細節的熱忱，不厭其煩甚至「雞婆」！

細節一 弄清楚主辦單位的禁忌

我主持過數百場頒獎典禮與表揚大會，十分熟悉作業流程，與主辦單位接觸後，我很快就會知道，自己可以幫到對方什麼，以及可能會有哪些突發狀況，並且給予大會加分的建議與協助。

主持人必須為主辦單位設想，主辦單位的業務是什麼？他們的頂頭上司希望看到怎樣的氛圍？有什麼重要訊息要傳達給來賓？如果以上都顧不到，主持人最最最基本的，至少要弄清楚哪些禁忌不要犯！

例如表揚科技新創的典禮，曾有主持人口口聲聲說：「這獎項鼓勵我們的『傳統產業』……」他講得順口，但台下長官臉都綠了。在典禮過程中，這位主持人竟然用綜藝節目手法「虧」得獎者的外表：「這位同學看起來好用功，用功到頭都沒洗！」讓與會首長頻咕噥：「拜託他別再胡說了！」無視主辦單位禁忌的主持人，下次還會有機會嗎？

細節二 為自己寫腳本

主持人自己重新寫一次活動腳本，不只更熟悉流程，也把所有人名、專有名詞都唸過幾遍，罕見字、破音字趁此時查證並確認正確讀法。

任何頒獎典禮，一字報錯不只失禮，讓入圍者錯聽自己名字，像「黃」立成聽成「王」力宏，跑上舞台才發現得獎人不是自己，豈不是超級尷尬？凡是在報出名字的時刻，主持人務必口齒清晰或是減慢語速，把失誤的可能性降到最低，畢竟這是得獎者這輩子非常重要的光榮時刻。

以開場故事為例，我的功課還沒有結束！我與台中市保全公會的祕書搭檔，奮戰了好幾個小時，打了十四張正反面密密麻麻的 A4 影印紙，「主持人版」的頒獎典禮腳本才算正式出爐。而這只是基本口白，完成之後，我必須沉澱一下，讓腦袋跳脫細節，然後回到整體考量，思考如何為表揚大會增色，適當增加一些時效、感性、生活的話題來串場。

細節三 不可省略的彩排

　　看起來簡單的流程，不走過一遍不知道魔鬼躲在哪。得獎者有可能太緊張，以致走紅毯的步伐太快，或是不知道何時開始走，導致與主持人的介紹有落差。背景音樂應該何時下？音量如何調整？這些問題與其在腦袋中糾結無數個小劇場，不如實際做一次。

　　彩排等同正式上場，主持人要一邊 de-bug（除錯），還要一邊盯進度，精神加倍消耗。說實話，這比正式典禮更需要全神貫注，留意流程細節，在這場「保全日表揚大會」的彩排結束後，我就一度以為自己的喉嚨快不行了。

　　但經過彩排這一關後正式上場，得獎的保全朋友們展現高超的配合度，沒有任何意外狀況需要救援，讓我能專注、冷靜、一字不差地介紹完七十五組得獎隊伍，比原先預定的「星光大道」時間，提早約二十分鐘完成，讓後續流程順暢登場，簡直有如神助！

細節四 結尾彩蛋畫龍點睛

台中市「保全日表揚大會」的活動結束前，為了給得獎者及貴賓一個抒情的餘韻，公會副理事長毛約翰技巧性地邀我貢獻一曲，這個「臨時插曲」事前未告知其他長官，反而增加了節目的驚喜。每個典禮都要有一個高潮收尾，如果沒有其他表演節目，主持人就要擔當大任。

幸好我有備而來，準備一首跨世代情歌〈當你老了〉，「當你老了／眼眉低垂／燈火昏黃不定／風吹過來／你的消息／這就是我心裡的歌」，對平日盡忠職守、保家衛民的保全英雄而言，這首感性的新歌確實讓他們耳目一新。

從面對細節、處理細節到完美細節，主持人想讓人刮目相看，總歸一句，就是以「熱忱、用心」一決勝負！

熱忱待人
發掘每個人的亮點

長期與永達保險經紀人公司合作的我，得知保經女王李麗英的專書《變，就是不變：保經女王的業務勝經》的上市檔期，自然要為她的新書發表會拿主持棒。

由於大小活動接連不斷，直到發表會前一星期才抽得出空，開始惡補《業務勝經》。初次翻開這本書，感覺好像台灣藝術大學戲劇系必修的中外戲劇史，也與我剛接觸《聖經》的感覺似曾相識——不熟悉的術語加上迥然不同的專業領域，實在有點消化不良！

我闔上書，思考自己的首要職責，是讓媒體對保經女王產生興趣，進而去了解這位前田徑女將，當年是如何轉行擔任保險經紀人，並且跑業務跑出一片天。

只要有心，「聖經」、「勝經」都不難，難在「下苦工」！

看一遍不夠消化，我就用力 K 了兩遍，把她的經典語錄摘出來。忽然間靈感乍現，我發現這本工具書的新亮點，它不只對有志踏入保險業的朋友直接受用，其中保經女王不藏私的為人處事、生命哲學，對仍在尋夢的人，不也是一本絕佳的勵志書？

主持心法

> 「關心別人」是主持人的天職，去發掘來賓的亮點，
> 彰顯對方為人處世的態度，引起觀眾對他們的興趣與共鳴。

除了朋友之外，主持人要擔任許多第一次見面的來賓身旁的綠葉，如何讓這些紅花在你的舞台上綻放？

下定決心做苦工

以開場故事為例，我從小投入演藝事業，保險經紀人的工作內容，我幾乎是一竅不通！如何去幫客戶做退休保險規劃、如何從同業或異業徵得行銷新血、如何擴張組織……，這些保經業界的心法，對我更是隔行如隔山了。

　　但如果我無法消化這本《業務勝經》，並且對書中內容心有戚戚焉，怎麼可能簡潔、生動地分享？並且感動記者會現場的媒體與貴賓，讓他們對保經女王產生興趣？

　　很多人對於自己不熟悉的事物，直覺是「沒興趣，放棄吧」。如果你立志成為一名優秀的主持人，「關心別人」就是你的天職，下定決心勤能補拙。

尋找共同點：萬事不脫為人處事

　　第二次我讀《業務勝經》，特別注意到保經女王分享與客戶加強互動的祕訣，就是對客戶的職業展現興趣和求知欲，讓客戶對你打開話匣子：「傾聽客戶從事此行的經營之道，以及在業界成功的甘苦談，就能得到許多知識，還省下很多額外學習的時間，這些寶貴的經驗也是客戶最擅長和最樂意與人分享的內容。」

　　保經女王藉由傾聽客戶來關心對方、學習新知；主持人也是先傾聽受訪者、來賓，拋出問題來挖掘好故事，與觀眾一起學習。我找到了保險經紀人與主持人的共通點，就是「人際關

係等同本事」，不論什麼行業，萬事不脫為人處世！

彰顯對方的話

　　找到了共通點，我為這場新書發表會下了標語「不同的聖
經、勝經，同等心」。我要更凸顯她的個人特質，以及更多勵
志的亮點，光由我說不足，我特別從書中摘錄了「保經女王麗
英語錄」，做為貫串新書發表會的「哏」。

　　對我而言，拿麥克風點亮每個場合，確實有不小的壓力，
這時就拿麗英語錄勉勵自己：「壓力是動力，也是助力，業務
員必須解決客戶的壓力，來創造自己的價值！」

　　新書發表會上排滿祝賀的花籃，以及絡繹不絕的祝賀人潮，
更印證了麗英語錄：「價值超過價錢。」我認為，來自各方的
道賀，是「友情超過價值」的肯定，保險傳銷業走向組織策略
行銷，來讓事業生命可長可久，誠如麗英語錄說：「沒有跌倒
過的人，看不見自己的危機，失敗才有機會，看見自己的不足
與需求。讓英雄淡出，團隊勝出！」

　　當我在發表會上，適時以「麗英語錄」串連整個流程時，

不僅吸引台下來賓更加投入，同時也自然巧妙地凸顯了活動的主角——作者與新書，讓媒體快速認識他們。

熱忱，沒有捷徑

我剛轉行當主持人的時候，曾在第一個挑樑主持正聲廣播公司的《歡樂六三〇》節目中，第一次訪問兩位大作家——李昂與朱秀娟。我並不認識對方，當年也沒有網路，凡事可以拜一下 Google 大神，我事前拜託雜誌社的編輯記者們協助蒐集資料，下苦工做了許多功課。

高中時代就鋒芒外露的李昂，擅長以尖銳敏感的筆鋒，刻劃男女情慾與社會、政治亂象，《殺夫——鹿城故事》揭開隱匿在農村的家庭暴力問題。

棄商從文的朱秀娟，最為人所知的代表作《女強人》，刻劃新時代女性獨立自立的形象，以及詮釋男女平等、兩性和諧的議題。從這兩大女作家的身上與筆下，可以看到台灣當代女性奮鬥的縮影。

我的努力，讓兩大女作家感受到我是了解、認識他們的，

進而暢談她們的創作理念。主持人與受訪者的關係，就像寶石
工匠與鑽石原石，持續旁敲側擊，打磨出耀眼的光芒，這些苦
工沒有捷徑，一切本於對主持工作的熱忱。

　　請記住，每個人都最關心自己，所以當你認真地做功課，
發掘來賓的個性亮點，給予「勤能補拙的關心」，就能打開對
方的心扉，最終讓觀眾聽眾獲益！

1.3

認真準備

全力以赴，不 NG

對應十月二十五日光復節，新北市蘆洲李宅展出「台灣光復七十一週年紀念特展」，我應邀擔任開幕記者會的主持人。不只參與抗戰的台籍老兵出席，前總統馬英九、新北市市長朱立倫和許多達官顯要都是主辦單位邀請的貴賓。

在活動前的彩排時，一名與我多次合作過的活動總監，半開玩笑地說：「明年的光復節紀念活動，我就要來搶你飯碗了。」

活動總監抱怨，每次花錢請來主持人，有的只派助理來彩排，有的甚至派助理都省了，到現場才臨陣磨槍，結果與表演者沒有默契，抓不到 cue 音樂、舞群的時間點，唱名貴賓的頭銜與姓名時吃螺絲，甚至還說錯張冠李戴，害主辦單位超級沒面子，讓總監直嚷求人不如求己。

　　幸好在活動順利排演後，總監對我說：「你不錯、很認真。你是我合作過中，少數這麼認真投入的主持人。」算是肯定我的表現與態度，但若以此自滿，我就愧對自己的專業了！除了彩排務必到，一名夠格的主持人還有很多功課要全力準備。其實，我前一晚已專程到現場了解位置狀況，我不希望第二天一早的活動，因為地點不熟而誤了彩排時間。

⚡主持心法

　　主持人不是照本宣科的司儀，台前台後大小事都要關照，不厭其煩地處理各種繁瑣細節。

　　許多人誤以為「司儀＝主持人」，彷彿拿到流程、照唸下去，事情就自動完成了。

　　這種觀念絕對是大錯特錯，俗語說「台上一分鐘，台下十年功」，許多活動場合不是預錄攝影棚，沒辦法 NG 重來，就算可以 NG，主持新鮮人也應該給自己設定目標：「把每一次都當直播來做。」

　　要準備好每一次「直播」，我都會完成以下四件事，才敢

拍胸脯說自己「做了功課」。

功課一 現場踩線

　　主持人一定要在正式登台前去現場走一遭，確認相關事項：如何通勤抵達會場？進出場的動線怎麼安排？簽到桌擺哪邊？舞台大小高度如何？舞台上如何走位最佳？與觀眾的距離遠近？觀眾席怎樣設置？攝影機、音響架設在哪個位置？收音錄影狀況好嗎？除了第一現場，是否還有第二現場？觀眾方便在不同現場移動嗎？會場手機通訊滿格嗎？有沒有免費 Wi-Fi ？哪裡有電源、廁所？……主持人愈能掌握全場細節，也就愈能夠隨機應變。

功課二 細讀背景資料

　　說到活動簡章，觀眾能夠自己看，主持人千萬別只當個簡章讀稿機，必須深入了解每一個主持活動的背景資料，講出簡章詞彙背後的故事，才能為整場的氛圍加溫。

　　我主持廣播節目、邀請歌星上電台打歌時，都會把他們的
CD聽至少三遍，掌握旋律和歌詞，讓明星們感到驚喜，「這
位主持人是了解我的」，訪談才會暢所欲言。

　　主持拍賣會、慈善義賣時，光看型錄上簡單的介紹與一兩
張照片，若不是來賓早鎖定特定標的，怎麼可能激起競標的欲
望呢？

　　我會去查每個拍賣品的來歷、故事、國外價格等，烘托出
義賣品的不凡品味或物超所值之處，用故事打動來賓，才能為
主辦單位艱辛的募款做出貢獻。

　　回到開頭的場景，我除了到蘆洲李宅踩線，也深入了解李
宅主人李友邦將軍、他在抗戰中扮演的角色、他的家族與台灣
光復的淵源，以及與開幕式當天來賓的關係，把這些故事濃縮
在主持中，牽引觀眾沉浸、緬懷歷史。

功課三 耐心修改

　　「台灣光復七十一週年紀念特展」的主辦方，邀請了許多
黨國高層參與開幕式，而這些大人物誰會親臨？誰會指派代

理？直到活動前一天晚上都還在確認出席狀況，不到最後一刻大勢底定，仍然充滿變數。

人性不喜歡事情反反覆覆，如果可以簡單，誰想要複雜？然而一個環節改變，往往牽一髮動全身，想想蘋果創辦人賈伯斯的名言：「簡約是細膩的極致。」（Simplicity is the ultimate sophistication.）細膩就是耐住性子、不斷修改到最好。

功課四 系統性吸收時事

報紙是主持人的重要參考書。許多現代人不讀紙本報紙，而是拿著平板、手機滑 Facebook，看到標題吸睛的文章就點進去，但這樣的資訊太瑣碎了，欠缺整理。傳統媒體把新聞細分成焦點、政治、社會、地方、生活、論壇、國際、財金、體育、娛樂、消費、藝文副刊等版面，系統性綜覽資訊對拿麥克風的主持人很有幫助。

回顧場景故事，「台灣光復七十一週年紀念特展」可以是給附近居民的「地方事」、一般民眾的「藝文」資訊，而黨國大老會蒞臨致詞，則和「政治」脫不了關係，牽動著「時事焦

點」，主持人必須有新聞敏銳度，兼顧各種面向，也別踩了地雷而不自知。

任何經驗老道的主持人都曾經是一張白紙，也都是在旁人嚴格的檢視之下鞭策自己。舞台總監一句「我要搶你飯碗」的玩笑話，不只是提醒初掌主持棒的新人，也讓我這樣的資深主持人警惕——用功去把藏在細節裡的魔鬼抓出來，將每個場合都當作直播，全力準備不 NG，用最認真的態度領先其他人，成為難以取代的主持人。

1.4

加倍認真

三倍準備，接下即興考題

有一次難得的機會，我到廈門參與「海峽兩岸電視主持人高峰論壇」，為了打造深入人心的自我介紹，我與主辦單位協調，正式登台之前，先播一段我從童星、歌手、演員轉型為廣播主持人的影片——沒想到，臨場影片竟然變成默劇，只有畫面，沒有配樂！

在短暫片刻的尷尬後，我決定直接上台即興開場。「過去非傳播科班出身的我，只有一股熱情、一個概念：不想辜負頻道，每天都當成唯一播出的機會。讓陌生聽眾，成為我的家人……」

「論壇」給予每名主講者三十分鐘，而我以三倍的內容分量來準備，讓我在此刻有足夠的「話本」，爭取時間讓技術人員接上音源線。原本雙手抱胸，打量著我到底有沒有真材實料

的大陸主持人，開始身體向前傾，進入我的節奏中。

　　換個心情看待這個突發狀況，何嘗不是上天給我機會，來展現臨機應變的能力？

主持心法

　　準備超出表訂流程三倍分量的內容來因應，讓突發狀況有備無患。

　　不論主持的場面大小，我都堅持要親自彩排，但難免還是有例外狀況，就像工作檔期碰撞，交通接駁能趕上已是千鈞一髮，連助理都來不及提前踩線。遇到這種情況要如何反應？

　　例如這趟「海峽兩岸電視主持人高峰論壇」，是華文電視圈大腕主持人的交流盛會，然而論壇前一天下午，我在台北還有工作，替永達保險經紀人公司主持「紅包愛」慈善募款活動，歷年來與永達保經的合作與交情，我自然使命必達。紅包愛活動圓滿落幕後，我搭晚間的飛機抵達廈門，進駐飯店時已是深夜。

　　大會安排我在人大政協代表、央視重量級資深主持人敬一

丹後上場,我惕勵自己:「我的表現可是攸關台灣的顏面!」
我與學生助理密切地口頭順稿,釐清各段影音的播放時間點,
也請他們練習試播,力求每個橋段環環相扣。

實際登台時,竟然出現意想不到的突發狀況,試播有聲音
的「影片居然變得沒聲音」。這時就得靠臨機應變了,而臨機
應變能不能補救,又與主持人是否夠認真準備息息相關!

因應一 預備三倍內容未雨綢繆

在高峰論壇一個月前,我接到主辦單位正式邀請,要如何
呈現台灣主持人的軟實力,這可讓我傷透腦筋。從獲邀開始,
我準備了足夠分享一個半小時的內容,從介紹自己如何由一介
菜鳥,到獲得三屆金鐘獎最佳主持人的肯定,當我有幸從參賽
者變成金鐘獎評審,我又如何去欣賞這麼多節目與主持風格。
這一條列洋洋灑灑,故事簡直多到說不完!

後來主辦單位拍板,一名演講者只有三十分鐘的分享時間。
超量的準備讓我必須去蕪存菁,許多有趣的枝節只好保留不
說,但這不代表做白工,因為臨場我將有更多「口袋材料」可

以帶給觀眾驚喜。

因應二 借助團隊的力量

在大陸，演講就是演講，鮮少加入活潑的影片元素，我希望用豐富的聲音語言，穿插紀實照片，剪輯出「有聲有影的廣播」，讓聽眾身歷其境。

臺藝大老師張逸方提醒我，一個人做太吃力，可以善用團隊的力量。於是我花了將近七個工作天，泡在數位電影製作公司，將想要呈現的畫面、理念，口述給專業剪片師，一步一步完成心中的藍圖。

初剪帶出爐不代表大功告成，我傳給兩岸媒體界友人幫忙檢視五支影片，根據回饋再進一步調整優化。

因應三 臨危不亂

當突發狀況來了，生氣著急反而會把氣氛弄僵、場面搞砸，對於缺失，只有冷靜地「接受它、處理它、放下它」。

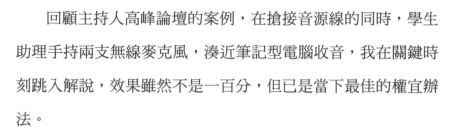

　　回顧主持人高峰論壇的案例，在搶接音源線的同時，學生助理手持兩支無線麥克風，湊近筆記型電腦收音，我在關鍵時刻跳入解說，效果雖然不是一百分，但已是當下最佳的權宜辦法。

　　幸虧音效在第三支影片播映時恢復正常，我拿著精心調整音質的麥克風，一邊分享，一邊默默感謝廈門理工學院的黃婉彬教授與學生們——他們盛情接機、招呼用餐，即使無暇彩排，他們也配合我在飯店房間內，順過五段影像以及所有流程。

　　有這樣的團隊支援我，念茲在茲音響環節的缺失就不厚道了。我把這個寶貴的經驗列入「下次的準備清單」中，一名好的主持人必須臨危不亂，一方面繼續服務觀眾，同時絞盡腦汁找出救急辦法，在面對即興考題時不致慌了手腳。這一切能否成功，就看登台前是否下足功夫「認真準備」。

　　盡了人事，勝敗榮辱就交給天，提醒自己常保感恩的心，主持之路才會越走越寬廣。

1.5

培養自信心
從欠缺到擁有，逐步建立

「你很努力，也很認真，但就是少了什麼東西。」

三十年前，在十個月的電視台廣告業務歷練後，我好不容易拿到一張華視藝人基本合約，在華視直播的統一發票開獎演唱會上，我費盡渾身解數唱著〈掌聲響起〉。

謝幕後，華視樂隊蔡副團長叫住我，一番話如當頭棒喝，令我永生難忘。

當年的 A 咖大明星若是謝霆鋒，C 咖是新人，我則是排在新人之後的 D 咖，明明我認真又努力，為什麼機會都不來敲門？「你欠缺自信。」蔡老師直言，至於自信要如何培養，他推薦我去上卡內基訓練。

沒有自信，拿起麥克風就欠缺魅力；沒有自信，會在人際關係上裹足不前，而以前若想要拿主持棒，人脈往往是不可或

缺的。於是我立刻報名黑幼龍老師的卡內基訓練。十四堂課程結訓時，黑幼龍給了我一句話：「把握你最擅長的事，你就能勝任愉快。」

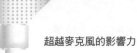

主持心法

確立自己的目標，全力往目標前進，坐對了位置，自信心就會油然而生。

自信心並不是魔杖一揮，就能夠建立起來的，要如何找到「最適合的位置」？又如何一步一步建構自信心呢？

步驟一 發掘自己的強項

先問自己：「我的偶像是誰？」

對我而言，香港名演員張衛健、影劇歌三棲的天王劉德華、殿堂級華語歌手甄妮、帽子歌后鳳飛飛都是我的偶像。但是，如果我堅持要當歌星、演員，我的成就恐怕難以望其項背。沒有厲害的經紀人、背景不夠雄厚、歌喉與身材等客觀條件不

足，這也意味著，我必須另尋出路。

　　想成為好的主持人，無關乎個子高不高、人長得帥不帥、美不美，更大的考驗是用功與內涵，是否能讓那個場子的所有觀眾賓至如歸──主持，就是我的路。

步驟二 踩著偶像的路徑

　　老天爺會成就專心的人，研究你的偶像，模仿到自成一格，我經常提醒年輕朋友：「不用去看偶像的花邊，去看他們的歷程，誰的故事特別觸動到你，那就是你的路了。」

　　被稱為第一代「電台情人」的李季準大哥，聲音低沉渾厚、極具磁性。據說，他高中時想讀音樂系，但家境無法負擔拜師學聲樂，他每天去學校附近的山上練嗓子，這練就他獨特的嗓音。

　　歷經半工半讀、地方記者，到成為中廣、中視的扛壩子主持人，李季準前輩讓我看到腳踏實地的夢，接下來就是「一直做，做出代表作」。

　　李大哥在我心目中一直是廣播世界的偶像天王，他給過我

一個很棒的觀念，「工欲善其事，必先利其器」，一個對聽眾負責的主持人，要捨得自我投資！

步驟三 欣賞同業的優點

看到同業是鎂光燈的寵兒，人性難免會忌妒：「為什麼是他，不是我？」「他有多厲害？怎麼會比我好？」然而忌妒和抱怨只會讓人退步，檢討才能精進，因此有成功企圖心的人，不會排斥去欣賞同業。

最近我擔任第五十一屆電視金鐘獎綜藝節目類的評審，一口氣看完了三百多支節目影片，欣賞這麼多同業各展長才，就像注射了高效營養劑一樣，整個人充實了不少。例如吳宗憲、吳姍儒父女在《小明星大跟班》中搭檔，或許是因為女兒在，憲哥收起油嘴滑舌，回到主持的初衷，機智反應加上懂得尊重資深來賓……，這些職場倫理的展現，或許，就是能突破現狀而獲獎的主因之一。

當你不是「被選中的人」時，仔細觀察舞台上拿著麥克風的人有什麼優點，然後把它們放在心裡。不要小看自己，在此

我分享一個卡內基訓練的原則，「不批評、真誠地讚美與感謝」，這會幫你贏得更多人的賞識，至今我仍受用無窮。

步驟四 堅持下去

只要吃得了苦、沉得住氣，在老三台時代，平均六年的時間就會建立起聲望。換句話說，一次成功不難，困難的是維持，要為觀眾不斷創造出驚嘆號。

有一次，華視藝人們前往金門勞軍，原定的男主持人前一晚喝了酒，宿醉不能上台，導播臨時拉我代打，我的主持有板有眼，救火成功。

但是一次的成功還不足以讓我受到華視的重用，加上也沒有人脈撐腰，機會不容易來。

沒有人當靠山的時候，你就是自己最好的靠山。到了一九九一年，我拿到第一座金鐘獎最佳綜藝廣播主持人獎，我的主持之路終於開出一朵花，往後各種主持工作陸續與我結緣。

主持之路走了二十五年，我獲邀參加「海峽兩岸電視主持

人高峰論壇」，討論的主題是「新媒體環境下的電視主持新語境」。如果是年輕十歲，我還真不曉得如何切入這麼大的議題，特別是台下的來賓，都是大陸各據一方的大腕主持人。

　　這群主持人對我的經歷是陌生的，對於台灣電視、廣播的主持則是充滿好奇。然而基於多年的經驗累積，讓我有足夠自信，在他們面前侃侃而談。曾經是惶惶不安的菜鳥，到成為主持人高峰會的主講者之一，我的自信心就這樣一步一腳印建立起來。

1.6 提升自信心
讓內涵發光，自然成為一顆星

時隔二十多年，「永遠的軍中情人」方季韋再度成為我的廣播節目嘉賓。

我們是有革命情感的夥伴。一九八八年，方季韋出道不久，我剛轉換跑道當新科主持人，與同樣是新人的歌手潘美辰，一起跟著導演李典勇飛到韓國濟州島拍華視春節特別節目。方季韋投身歌壇前，曾在自家經營的瓦斯行工作，還扛過瓦斯桶送到客戶家中，這份拚勁讓我印象深刻，十分佩服！

二十多年後的廣播採訪中，還是同樣對坐的位子。記得在二十年前的採訪中，我曾問方季韋，她心目中有魅力的男人是怎樣的形象？當時，她這樣回答我：

「像凱倫哥一樣！」

「為……為什麼？」這突如其來的回答，讓我震驚得臉都

紅了，連問話也變得有點結巴，過去我受限於外型與身高，向來是沒什麼自信的。

「凱倫哥講話有畫面、有情節，每次看到你準備訪問時認真的模樣，覺得這就是自信、有魅力的男人！」

方季韋點醒了我，原來人的自信與魅力，不局限在身高、外表，更多是來自於用心、專注。如今我在節目最後，向她致謝這個沉澱了二十年的鼓勵！

主持心法

自己的盲點，要多聽聽旁觀者的看法，從別人的客觀分析惕勵自己，逐步修正、累積內涵。

若談到「說話的態度與藝術」，有一條原則值得深思：「自己的事，聽聽別人怎麼說。」理由是每個人都有盲點，或是「不願面對的真相」，但旁觀者清，許多直指核心的話，乍聽之下像是批評，先別急著玻璃心碎一地，仔細想想，它們是不是一針見血地點出我們的不足之處？

面對客觀的建議

記得剛認識我的太太莉屏時，她問我：「你有沒有看報紙？」

「沒有。」二十幾歲的我每天跑秀場、練歌，工作都來不及，怎麼會有時間看報紙呢？

「這樣不行，不看報紙跟不上時代，腦袋空空的藝人一下子就會被淘汰掉。」從事傳媒幕後工作的莉屏毫不客氣地給我當頭棒喝。

在沒有新聞台、網路即時的時代，報紙是每天最重要的新知來源。莉屏這番話我聽進去了，從那天開始，早上醒來先把所有報紙瀏覽一遍，這讓我轉型當主持人後，有足夠的「料」能給聽眾、觀眾。即使到了網路時代，這個習慣仍數十年如一日，今天我也用手機看即時新聞，維持對時事的敏感度，並了解一下年輕人的流行話題是什麼。

現在網路的雙向互動，讓我獲益良多。我持續在臉書、微博上貼文章，分享各種大小場合的主持體驗，以及在臺藝大進修的收穫、金鐘獎評審的見聞等。除了聯繫朋友更方便，也讓

我獲邀成為兩岸電視主持人高峰論壇的主講者──展現自己的機會一直存在,前提是要與時俱進,別被時代潮流淘汰了。

永保赤子之心

四、五十歲後,再聯絡上失聯的朋友、同學,接到的訊息大多是去「送行」,或許這就是壯年後的危機。每天睜開眼,除了思考工作,還會在 LINE 或臉書上問候朋友,年輕人常常搞不懂,為什麼長輩們總是在群組裡丟「長輩風」貼圖,每天都要「早安」、「午安」、「晚安」地照三餐問候,目的其實是向親友報平安。

坐五望六的我,今年舊曆年時,抽空去鶯歌與廣告界的老友拜年敘舊。朋友要孩子們「向阿伯說新年恭喜」,他的小兒子問他:「為什麼要叫他阿伯?看起來不像啊!」

我對孩子解釋,要在舞台上拿麥克風,必須保持活力、身材與赤子之心。如果真像個歷盡滄桑的阿伯,恐怕連自己都難以接受,例如當我主持婚禮時,我便將自己的形象定位成親切有活力的凱倫「大哥」,而不是老氣橫秋的「大叔」。

走一條可長可久的路

在前面一篇〈培養自信心〉中提到，「確立自己的目標，全力往目標前進，坐對了位置，自信心就會油然而生。」

許多明星當紅時，面對各方邀約，總有所挑剔，但能撐過年華老去與命運考驗，長紅數十年不墜，又有幾個人呢？有一回我打開電視，正巧看到一名資深女歌手，她因為罹患喉疾封麥數年，勉強為人情上節目，目睹她吃力地唱出招牌歌曲，但是昔日金嗓已不再。這令我非常震撼、感慨萬千。

演藝界朋友們常說：「想唱死在舞台上！」這也讓我問自己，如果我堅持青年時期的歌星夢，現在會怎麼樣呢？當我老了，是否還有舞台讓我唱到生命的終點？

近期我的主持活動與工作，比過去豐富了許多，追根究柢，是因為我選了一條適合自己、可長可久的路，才有機會展現自己的內涵並服務觀眾。

這聽起來很抽象，抽象的事物要怎麼累積、磨練？我建議年輕朋友，把他人的鼓勵放在心裡，以客觀開放的態度面對他人建議，選擇一條適合自己的路持續努力，永遠保持赤子之心，就能散發出自信與魅力，讓內涵發光，到哪裡都會是明亮的一顆星。

2

開口就感動！
主持人的說話術

2.1 精準定位，調整風格
全心為觀眾服務

　　一場黎明技術學院表演藝術科的演講中，我談起自己在貴人、我的廣播啟蒙老師秋華姐的引薦下，在一九八九年間，到正聲廣播公司擔任主持人。

　　由於節目時段是外製外包，主持人出錢包下時段的，就像承租店面一樣，必須自負盈虧。三十分鐘的節目有三分半的廣告時間，廣告超時會被新聞局開罰，一筆一筆爭取廣告在民營電台是非常不易的，多數主持人的經營方針是自己創立貿易公司，代理保健食品向聽眾推銷。

　　同學們紛紛露出不可思議的表情：「不會吧？凱倫哥你做主持人還得當推銷員！」

　　每一行都有很實際的經濟考量，我也請同學設想，一位素昧平生的推銷員自顧自說著自家產品有多棒，你會信任對方，

然後掏錢嗎？主持人的工作，是協助推廣一項商品、一位明星、一首歌甚至一種理念，而談行銷之前，必須先全心為自己的聽眾、觀眾設想，把自己當作服務他們的義工。

我對服務聽眾族群的認知以及用心付出，完全是來自秋華姐的身教。因此，跟對師父一生受用無窮。我從秋華姐身上看到了她全心全意、經年累月為聽眾付出的真心。無怪乎，她可以默默地屹立在廣播界長達四十年，令我深深佩服！

主持心法

主持人必須瞄準聽眾或是觀眾族群，精準定位，因應不同場合採取不同主持風格。

我的聽眾族群是誰？以日間時段的廣播為例，除了在家中工作的家庭主婦、主夫之外，還有「眼睛不能離開制式工作，耳朵需要刺激來提振精神」的族群，例如小黃司機運匠、賣場中的店員、工廠生產線作業員、夜校學生，或是經常搭計程車去拜訪客戶的業務員。

理解聽眾的需求

　　一邊工作一邊收聽廣播，若談艱深複雜的議題，對日間聽眾負擔太大了，這時主持人要設想他們的工作狀況，分享藝文、生活或是保健資訊，讓他們放鬆心情度過沉悶無聊或工作煎熬的時刻。

　　到了下班搭車回家時段，聽眾普遍希望能夠用瑣碎的時間吸收新知，知道社會上發生什麼事，這時應該談新聞、政論等較嚴肅的議題，或是進行深度訪談，把白天的風花雪月收起來。到了夜間時段，聽眾就是廣大年輕的學生族群了！

　　廣播日間、夜間時段的聽眾族群完全不一樣，同樣的道理，在任何地方拿起主持棒，第一件事情就是弄清楚「這是怎樣的場合？誰是我要烘托的主角？誰是聽眾／觀眾？」主持人有責任去服務他們，從衣著打扮、用字遣詞、舉手投足都要符合該場合的調性，用一個大陸流行語形容，就是「接地氣」。

不同場合、不同服務對象

在頒獎典禮上，主持人的工作是彰顯得獎人的豐功偉業，讓得獎人親友，也就是觀眾與有榮焉，用主持綜藝節目的模式搞笑便不得體。

又例如舉辦記者會，主持人要服務的主角是記者，大眾才能透過記者的文筆或影像，得知這場記者會想宣揚的消息。許多主辦單位想營造聲勢浩大的場面，常邀請很多友好單位、親朋故舊助陣，把記者會弄成同樂會，主辦方忙著招呼賓客，卻把記者晾在一旁放牛吃草，除了容易失焦，新聞曝光恐怕也不盡理想。在記者會上，主持人必須當主辦方與媒體的橋樑，主持聯訪、爭取專訪、拋出新聞點關鍵字，不是只當一名照本宣科的司儀。

需要主持的場合千百種，主持人要服務誰？在我拿麥克風的幾十年，主持過頒獎典禮、記者會、採訪、演唱會、活動、婚禮、公司尾牙、拍賣會甚至是追思紀念會，不同的場合，自有不同的目標與眉角。

主持人的目標

場合	主角	觀眾	主持人的目標
頒獎典禮、慶典晚會	得獎人	受獎者親友、所屬組織與公司	彰顯得獎者及所屬組織的豐功偉業，讓親友與有榮焉。
記者會	記者	後續報導的閱聽人	主持聯訪、爭取專訪，提供記者新聞點或獨家，避免讓記者會變成同樂會。
訪談、採訪	受訪者	節目觀眾、聽眾	滿足或引起觀眾的興趣，凸顯受訪者社會形象，也顧及受訪者的隱私，敏感問題拿捏得當。
演唱會、表演	登台的表演者	表演者的粉絲	串起每個節目的過場，凝聚現場氛圍，讓粉絲享受表演者的演出。
婚禮	新人	新人家族、親戚、好友、同事	讓新人享受自己的婚禮，為兩個家族及親友做到面面俱到的排場禮數。
喪禮、追思會	喪家	往生者親戚、好友、弔唁者	讓弔唁者銘記往生者的重要事蹟，並表彰往生者對家族、社會的貢獻。
公司聯歡活動、尾牙	基層員工	公司全體、受邀事業夥伴	為長官致詞、捐獻抽獎穿針引線，彰顯公司的優點，歸功於基層員工的貢獻與辛勞。
拍賣、義賣會	各種義賣品	與會貴賓、競標者	讓貴賓明瞭拍賣、義賣品的尊貴及物超所值處，協助主辦單位義賣競標。

　　在無法直接觀察到聽眾、觀眾的反應時，這份「全心為目標觀眾服務」的意念就更為重要。每當我在電台接到 call-in 電

話，得知「原來他在聽我的廣播」後，身為主持人的我，就有義務去照顧這個族群聽眾，重視他們的需求。

一九九一年，我得到第一座廣播主持人的金鐘獎，長官告訴我這是正聲廣播公司開台以來，第一座綜藝節目主持人金鐘大獎。日後我從廣播跨回電視，主持之路能越走越寬廣，一切的初衷就是「全心為觀眾服務」。

早期在正聲耕耘、成長的那段日子，對我日後影響頗大。特別是，跟著秋華姐學習、共事，讓我親身體會到，只要肯用心，任何頻道的廣播都能發揮到無遠弗屆的「影響力」！

2.2 妙喻畫龍點睛，有聲又有影

鋪出好哏的基本功

　　華視《星光大道》請到「陶子」陶晶瑩坐鎮總評審兼主持人，陶子的言語台風，總是那麼令人期待又興奮。在節目中，她的一段話令我印象深刻：「素人參賽，技巧第二，感情第一。只要切合身分的穿著，自在投入地演唱、不怯場，就是盡心的演出！更何況，有故事的人，演唱符合自己心境的歌曲，那份真感情，是演不來的！」

　　表演藝術的提升，不僅透過選手的歌聲，還需要主持人的妙喻來烘托。經驗豐富的陶子，三不五時對參賽者的表現，拋出她一針見血的比喻：「你唱這首歌，好像男女上床前，在摺衣服準備中……原唱人哈林（庾澄慶），卻是唱出『浪人的性感』，一開口，就讓人恨不得馬上脫下衣服，讓我一次愛個夠！」

　　說話高手陶子，經常三言兩語就能帶出生動的畫面，讓觀眾心有戚戚焉地認同與感動，厲害的主持人善用妙喻畫龍點睛，讓節目精彩又好看！

⎘主持心法

　　主持人說話必須精簡到位，也要「有聲有影」，把畫面鮮活地帶出來給觀眾。

　　主持人和司儀有很大的差別，司儀只要拿起流程表，一路照本宣科唸下去就好。主持人要能夠隨機應變、妙語如珠，甚至插科打諢，不斷拋出好哏，讓來賓盡情發揮，也帶給觀眾一個又一個驚喜。

　　談鋪哏戰術之前，先把基本功練熟，精準到位後，再來練習變化球。

建議─言簡意賅，少說多餘的話

　　與大陸廣電同行交流時，常聽到他們這樣評價台灣節目的

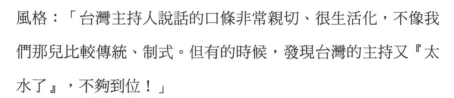

風格：「台灣主持人說話的口條非常親切、很生活化，不像我們那兒比較傳統、制式。但有的時候，發現台灣的主持又『太水了』，不夠到位！」

一道料理若是用料少、湯水多，吃起來「湯湯水水」，即使肚子脹滿了，卻覺得菜色空虛。主持人是「陪襯紅花的綠葉」，廢話別多說，快為觀眾簡潔有力地切入重點！其實，在許多重要場合中，這都是說話表達的一大原則。

怎麼做？

「欸，嗯，我想⋯⋯我實在是覺得，這張新專輯的主打歌非常好聽啦，基本上，大家可以看到這個樂團和上一張專輯呈現完全不一樣的風貌⋯⋯」

主持人如果這樣介紹，原本是年度 TOP 5 的專輯，恐怕就不會有人想聽了！去掉無意義的語助詞，以及令人煩躁的冗話，講重點就好。

「某某樂團的新專輯主打，給你耳目一新的聽覺享受！」是不是言簡意賅多了？

現在手機、平板都可以錄影，把自己的表達全程錄下來，

再把對話打成逐字稿，重新唸一遍，文字化之後（注意！可不是文謅謅），就能輕鬆揪出自己哪個段落犯上囉嗦、累贅的毛病。

建議二 妙喻帶出畫面

在「海峽兩岸電視主持人高峰論壇」上，討論網路興起帶給電視媒體的挑戰，央視節目《焦點訪談》的主持人敬一丹詢問道：「還有多少人願意致力製作精彩的電視節目？」現場聽眾紛紛舉手、熱烈迴響，她驚喜地說：「手臂像樹林一樣！」

言簡意賅並且帶出畫面，聽起來簡直是不可能的任務，敬一丹將手比喻成樹，短短一句話就描繪出鮮活畫面，不愧是與麥克風談了三十五年戀愛的大腕主持人！

怎麼做？

手臂像什麼？很多人舉手，會是怎樣的畫面？

每天投入實驗數據的學者，和善於交際調情的浪子都唱同一首情歌，會有什麼不同的感覺？你會想像到什麼景象？怎樣

具體比喻抽象的氛圍？

好的主持人，遇到每個情境都能「作文章」。即使某位來賓講了一個冷笑話，其他人都沒辦法接腔，突如其來的大冷場怎麼圓？主持人雙手抱胸哆嗦：「超級冷氣團來了！冷到可以滑雪囉——」忽然間有妙喻、有畫面，來賓、觀眾就有笑聲，有了笑聲，原來的冷場也能瞬間熱了起來！

建議三 添加幽默感

懂得行銷、敢於自我投資的利菁，把迷你專輯（EP）做到一張完整的專輯唱片：「年輕時，我的嗓子因一場車禍而成了現在的鴨嗓，我從『月琴唱到了蔡琴』……」利菁從購物天后、綜藝主持天后到成為歌唱新秀，不改她一貫的幽默風趣。

幽默的主持人一開話匣子，不只有哏還帶勁。從購物台起家的利菁，把她主持、做秀導、演戲的各種人生歷練，幽默地帶到每個產品中，讓觀眾聽得津津有味，有時候互動熱絡到節目時間不夠用，利菁便發出她的招牌笑聲說：「最後我都告訴觀眾，聽到滿意你再買！」

怎麼做？

有些人也許會感到很困擾：「我天生就不會搞笑，怎麼辦？」其實幽默並不是搞笑，而且也無法速成。誠如開場故事陶子說的：「素人參賽，技巧第二，感情第一。」

我平常就會蒐集笑話，先是分門別類記錄，例如笑點在雙方觀念衝突的「戀愛篇」、想像與現實落差的「婚姻篇」、長輩們最心有戚戚焉的「健康篇」，還有玩文字遊戲的「雙關語篇」等，然後運用零碎的時間閱讀、琢磨笑點。

這些笑話來自報章雜誌、網路或是 LINE 群組，真實源頭通常不可考，偶爾拿來串場不錯，但是講多了，觀眾也會不滿意，「我想吃滿漢全席，怎麼端出來的都是調理包、罐頭菜？」所以不妨從今天開始，把你的工作、生活、旅遊、交友等各種酸甜苦辣記錄下來，變成專屬於你自己的話本。

說話是一門藝術，追求藝術的腳步永遠不該停下，只有學習、學習、再學習。

2.3

與來賓建立互信
創造正向循環的人際關係比技巧更重要

看別人的文章裡寫我這個人的時候，

都會讓我想到：他們寫的是我嗎？

為什麼他們會這樣形容我？

那他呢？他又是一個怎樣的人呢？

其實，寫自己容易，褒貶只要對自己負責就好了！

寫別人真難啊！！若寫得太真實，怕會得罪人，

若只挑好的來描述，又怕失去公正性。

不管切入的角度、內容的深淺，要拿捏得很準，

才會面面俱圓，多難！！

凱倫是個傻子，給自己出這個難題，

不知道掉了多少頭髮，傷了多少腦筋，

別人看了，還以為這只是他順手拈來的，誰又能體會？

他曾花費許多精神來「看人」，有時還要拋開私人的事情、心情，

只為了之前對別人許下的承諾，卻為難了自己，

看來快和瘋子也相距不遠了。

看他的文字，想必凱倫寫得斟酌再三，對自身的修性必有助益，

被寫及的人也可自修自省，這也算是一種功德吧！！

佩服！佩服！繼續吧！支持你！傻子

共勉

另一個傻子

華仔 上

🗣️主持心法

　　一名成功的主持人，實力是基本功，更重要的是以「態度」獲取信任，進一步建立人脈。

　　我一直珍藏香港天王劉德華這封親筆信，字裡行間道盡他對人情世故的細膩觀察，這不只是他對多次上我的廣播節目打

歌、訪談的回饋,也給予當年出書的我最真摯的祝福。

　　天王華仔將我的事放在心上,百忙之中抽空寫一封信,這是多大的鼓勵!能獲得華仔的奧援和支持,就是根基在我們合作時的互信上。

　　不少年輕朋友會疑惑,「我第一次見到對方,要怎麼讓受訪者信任我?」我說,這是態度問題,而年輕朋友仍覺得很抽象,「什麼叫做態度?」「凱倫老師一直強調『關心別人』,對於初次見面或認識不久的人,怎樣才算是『關心』?」

態度就是尊重人

　　當初剛獲得華視演員合約時,前輩推薦我去上黑幼龍的「卡基」人際溝通課程。卡內基談到獲得友誼與影響他人的先決條件,其中一項我至今仍記憶深刻,就是「多多關心別人」,關心才能夠建立起互信,這成為我拿主持棒的基本「態度」。

　　每位來我的節目上受訪、打歌的明星來賓,我一定花時間做功課,用心聆聽他們的作品、熟讀背景資料,對他們的發展脈絡有基本的了解後,我才能夠拋出好問題,不只是觀眾好奇

的，也讓對方感受到「這位主持人說得上話」，這就是對人的「尊重」。

對人的尊重會在無形中發酵，我在正聲廣播公司及中廣、央廣的主持，累積了不少港台歌手、名人的口碑，也成為我後來打開電視主持人之路的關鍵人脈。

營造受訪者舒適的環境

拿到第一座金鐘獎最佳主持人後，我回到小時候當童星的娘家台視，主持深夜節目《談星談心》，是一個與明星深度訪談的談話性節目。九○年代當紅的偶像歌手王傑、潘美辰、伍佰、齊秦、潘越雲、周華健、林憶蓮，以及〈夢醒時分〉主唱陳淑樺，都來上了我的節目。

雖然王傑、潘美辰、伍佰等藝人每天都拿著麥克風高歌，但廣播、電視、歌唱是完全不同的藝能領域，所需的聲音、肢體動作和語言也大異其趣。他們並不擅長廣播和電視訪談的語境，如果再碰到油嘴滑舌的主持人，把話題東拉西扯，那更是無法發揮了。

　　主持人必須讓受訪者相信，「主持人不只說得上話，也是為我著想的。」例如歌手上節目打歌，就多聊聊創作心境，少聊花邊新聞，除非是宣傳期搭配的情感話題。曾有藝人受訪前事先傳話：「今天小孩跟我一起來，拜託別提我再婚的事情。」主持人必須展現同理心，與受訪者有默契，切記不要去踩人痛處。

關心：從對朋友付出開始

　　替人著想的源頭就是「關心」，關心不用好高騖遠，從善待朋友、對朋友付出開始，對自己的朋友好，就是人脈的基礎。

　　我二十幾歲時，在台北市東區開了「小公雞咖啡館」，齊秦喜歡唱歌，經常來我的店裡駐唱。之後我初拿台視《談星談心》節目的主持棒，想請齊秦來熱場，那時他已經是超級天王，並擔任 EMI 唱片公司台灣分公司的總經理，每天忙得不可開交。我前一天下午五點去找他，隔天他就排開所有行程，來上我的節目。

　　齊秦不只賞光，還送了我一個大獨家，他在節目上揭露自

己「年輕的時候沒學好，十六歲時酒後鬧事，曾在感化院待了三年」。這三年間，他的姊姊齊豫時常去探望他，齊豫更拿出在「金韻獎」贏得的獎金，為齊秦買了第一把吉他，助他走向音樂之路。

齊秦的經歷成為隔天影劇版頭條，當年資訊不發達，加上社會風氣保守，對更生人的偏見更甚，齊秦願意公開懇談「感化院經歷」，除了鼓勵年輕朋友別放棄向善之心，對於主持人我，何嘗不是高度互信的展現？

就是這種正向循環的人際關係，讓我的主持之路增添許多美麗風景。

2.4 忌搶話，要切話

為觀眾著想，讓來賓充分發揮

除了拿主持棒，我也有機會坐在來賓席上，感受不同主持風格。有一回，我上電視購物台當特別來賓。過程中，我順著主持人馬妞與廠商代表的節奏，欣賞兩位美女口若懸河、一搭一唱，那份在時段內達成最大產值的本事，真叫人嘆為觀止。

下節目進家門，聽到的第一句話，就是八十八歲的媽媽在納悶：「你怎麼不多說些話？」太太也跟著出主意：「我要是你就會說，這個產品真是超出我意外的好……多稱讚別人，觀眾看了都會覺得開心啊！」

家人的建議，我何嘗不知道？如果我不肯定產品，怎麼可能坐在來賓席分享經驗？但發問的「主持人」與接話的「特別來賓」，立場是不同的，我必須尊重主持人。如果把問題丟給我，我有把握給對方滿意的答案，然而，搶話不是我的風格，

與其讓主持人為難是否該把話「搶」回去，我還是謹守來賓的
分際！

📢主持心法

> 　　主持人不該搶話，但為了觀眾著想必須適時切話，也
> 讓來賓順著主持人的切點繼續發揮。

　　主持人與來賓的關係，如同打乒乓球一來一往，如果打破
這個默契，有一方霸著球不放，這場球賽會怎樣？一旦節目與
活動變成主持人或來賓的獨腳戲，精彩程度也就大打折扣了。

　　喜歡搶話的來賓常有兩個特色，一是他身為某個領域的專
家，急於表現自己的權威性，忽略了節目的節奏；二是他的口
才確實很好，平常就是聚會的焦點，不習慣傾聽的角色，導致
一開口就停不下來。

　　但節目、活動時間有限，主持人也要關照其他來賓，適時
切話是為了觀眾著想。不過重要的是，如何讓來賓不覺得自己
被搶話，又可以順著主持人的切點繼續發揮？

注意！千萬別這樣搶話

禁忌一 硬生生打斷對方

不光是來賓會惱怒，原本只是焦躁「這位來賓還沒講完嗎？」的觀眾，反倒被主持人的唐突嚇一跳：「這主持人怎麼這麼沒禮貌！」讓場面陷入尷尬的主持人，順理成章變成箭靶，切話不慎切掉自己的觀眾緣與機會，得不償失！

禁忌二 一直用「可是」、「但是」、「反正」等否定詞切話

來賓：「我覺得這樣運動又簡單又紓壓──」

主持人：「可是，你真的有變苗條嗎？」「但是，這能改善睡眠品質嗎？」「反正你本來就很纖細了，所以⋯⋯」

主持人頻繁地使用否定詞彙切話，會把敘事情境轉向負面。如果不是要營造特別的節目效果，來賓會感覺你一直在潑他冷水，或是質疑他的專業、言論的可信度，很容易得罪人。

禁忌三 把來賓的台詞講完了

有些主持人擔心來賓太木訥，乾脆自己講，原本應該給來

賓發揮的時間，卻變成主持人喋喋不休，好不容易把麥克風「讓」給來賓，自然就乾得無話可說。主持人要記住，自己是陪襯紅花的綠葉，不要喧賓奪主。

切話有技巧！

技巧一 抓住對方換氣的時間點

在武俠電影中，高手過招都是先對峙，觀察對方呼吸節奏，一個改變，就是分出勝負的關鍵。同樣的道理，再怎麼多話的人，講話都需要換氣，換氣時會有一點小停頓，主持人就可以趁這個時間點切話，為話題轉折或收尾，推進到下一個流程。

聽起來很困難，事實上一點也不！當你寫一篇文章，會在哪邊下標點符號？標點符號的位置就是斷句點。

現在，仔細觀察和你對話的那個人，他將標點符號下在哪？你就可以練習切話了。

技巧二 小收尾，再拋出新懸疑

假設是一個訪談明星如何瘦身的綜藝節目，來賓分享經驗

後，主持人可以先做一個小收尾：「現在我們知道明星即使大吃大喝，也可以維持身材的撇步了。」讓大家察覺到這個話題已經告一段落，主持人緊接著拋出新的懸疑問句：「接下來，女明星產後迅速劓肉，竟然靠這本私房祕笈？！」帶走觀眾的注意力，自然能控制話題的走向。

技巧三 做球給其他來賓

如果來賓不只一人，主持人就要平均分配時間給每一位來賓，否則焦點集中在最會搶話的人身上，其他人就只有傻笑的份了。主持人不妨在一個段落，趁勢做球給其他人：「哇！這實在不得了，某某，你的經驗是什麼？」

時間分配上，主持人要盡量一視同仁，即使來賓組合是 A 咖搭配 B 咖、C 咖，觀眾的確會期待 A 咖有更多曝光，但也不要配比太過懸殊，給人「大小眼」的壞印象。

技巧四 用掌聲轉折

二〇一六年的金鐘獎頒獎典禮，我有幸再度擔任娛樂節目類的評審，坐在第一排觀眾席欣賞整個流程。每一位得獎人都

有許多感言不吐不快，搭檔主持的「憲哥」吳宗憲與浩角翔起必須控制時間，一位得獎者從個人感言談到影視界的歷史，時間一長，觀眾的注意力開始發散，這時憲哥歡呼：「實在太精彩、太讓人感動了！來，大家掌聲鼓勵鼓勵──」

這個轉折很棒，主持人用一個正面的回饋，讓話還沒說完的得獎者有台階下，也帶動現場氣氛，等觀眾掌聲稍落，就能帶出下一段流程：「下一個節目，是最令人期待的……」

適時切話，是為了後面更精彩的內容預作安排，就像果農剪斷雜枝，是為了讓主幹上的果實出落得更甜更美。

串場時間說什麼？

看場合，串到不留痕跡

還記得多年前，我主持為期三天的「風華再現」，這檔演唱會請到甄妮、蔡琴兩位歌后，以及兩大天王費玉清、青山，歌迷期待度百分百！

然而第二天，甄妮唱到〈酒矸倘賣無〉時，忽然哽咽失聲，之後她說出了「真相」。原來她的母親在美國發生車禍，不幸過世。身為主持人的我，一個箭步跑到甄妮身邊，給她一個溫暖的擁抱，並請她先回到後台，沉澱一下心情。

甄妮退場後，下一個表演還沒準備好。我不能讓場子冷掉，但悲傷的氛圍中，講笑話、跳舞、雜耍都不適合，樂隊在準備下一個曲目，自唱一首歌是增加伴奏的負擔。

我靈機一動，拿下自己手上戴的一個愛心銀戒指，向觀眾介紹來歷：「我去大愛台報到時，一位朋友期許我凡事要有愛

心、同理心，感同身受他人的處境，於是送了我這份禮物。我覺得這份心意太棒了，每天都戴著它，這個戒指在慈濟大愛的環境，養了好幾年的氣……」

我用愛心義賣串場，這枚估價幾千元的銀戒指，在感動的氛圍烘托之下，最後以五萬元結標。義賣所得為這場晚會的慈善基金額外盡了份心力，凝聚善心也銜接到下一段節目，懸著的心終於可以稍稍放下了。

> **主持心法**
>
> 串場考驗主持人的功力，介紹下一個節目、說故事、講笑話、相聲、變魔術、唱歌、奏樂、跳舞或抽獎，甚至義賣自己的隨身小物等等，端看場合而定。

何時需要串場？銜接下一個節目，或是出現了突發狀況時。這考驗主持人隨機應變的能力，一定要維持場面，不能讓場子冷下來，必要時也能讓現場氣氛得到紓緩或轉換。

串場可以這樣做

　　串場方式千百種，端看場域屬性適合什麼。下面的簡表，是常見的串場情況，可供新手主持人參考：

場域屬性	可行串場手法	目標與注意事項
喜氣	舞蹈、唱歌、變魔術、抽獎、說笑話	讓現場嗨起來或是更嗨，主持步調要輕快。
中性	介紹下一個節目、唱歌、奏樂、說故事	把兩個活動連接起來，主持人負責鋪哏，但不要喧賓奪主。
感傷	唱歌、奏樂、說故事，甚至是默哀	帶出感動、緬懷的氛圍，默哀時切勿倒數讀秒，那樣非常沒有誠意。

　　在二〇一六年的「靚鳳凰樂重陽老歌音樂會」上，寶島低音歌王郭金發大哥在演唱他的代表作〈燒肉粽〉時，因為急性心肌梗塞驟逝，「物件一日一日貴／厝內頭嘴這大堆／雙腳跑到要鐵腿／遇著無銷尚克虧／認真再賣燒肉粽／燒肉粽／燒肉粽／賣燒肉粽」，郭大哥完美演繹勞工外出打拚的心聲，竟成了絕響。

　　當天全台都舉辦了重陽節相關活動，郭大哥為人謙和、家

庭圓滿、事業成功，不只是首位登上國家音樂廳獻唱的流行音
樂歌手，更是演藝圈的榜樣。聽聞噩耗，綜藝大哥余天淚灑舞
台，談到郭大哥才答應要去探他的班，世事無常，令人不勝唏
噓！樂隊在這時奏起〈燒肉粽〉的旋律，讓憂傷與緬懷的氛圍
餘音繞樑。

留意誰能與你拋接球

電視轉播可以進廣告、切畫面，但主持人要顧到現場觀眾，
串場要成功，必須留意誰能與你拋接球。當台上有兩名主持人，
一搭一唱不難，只有一個人獨挑大樑時，就要注意現場有沒有
來賓與你拋接球。

回顧開場故事，我用說故事的方式，鋪陳了愛心銀戒指的
來歷，也希望觀眾得知甄妮的家事時，能夠體諒她「唱不下去」
的苦衷。假如戒指義賣不出去，豈不是自己製造了冷場？而我
注意到觀眾席第一排，坐著台北市議員歐陽龍，以他為朋友兩
肋插刀的個性，一定能為我圓這個場。

一句話也能串場

一般表訂串場時間約為三十秒，沒多餘時間讓主持人長篇大論，不過事前可以準備，不至於詞窮擠不出一個字。但更多突發狀況的救球，往往是幾秒鐘的時間。

有一回我在大陸主持，轉盤雜耍秀正到收尾的高潮時，一名演員失手將盤子摔碎了！現場氣氛一秒凝結，連演員都傻住了，我趕忙執起麥克風，用高亢的語調歡呼：「哇！碎碎（歲歲）平安！讓我們掌聲鼓勵──」現場如雷的掌聲中，演員謝幕退場，蓋掉了原本的尷尬，把場面圓了過去。

讓觀眾忘了你在串場

串場是主持人的重要工作，但不用提醒觀眾你是來串場的。某屆金鐘獎頒獎典禮的中場時間，由同一位新生代主持人串場，大概出場第四、五回時，她說：「我又陰魂不散地來串場了！」讓人有些錯愕。

在喜氣洋洋的頒獎典禮上，用「陰魂不散」這類負面的形

容詞頗為唐突；再來，當主持人都把自己定位成「陰魂不散的串場者」，不就等於告訴觀眾：「我的表演沒什麼精彩可期的，你們可以去上廁所、離開座位走走，或是找朋友聊天囉。」

　　串場就像是西式排餐有前菜，中式滿漢全席有開胃小點一樣，努力練習、累積經驗，串到不留痕跡，讓觀眾忘了你在串場。好的主持人能讓觀眾更期待主菜，甚至就獨鍾你這一味。

好故事就是賣點

讓故事自己說起來

「周董」周杰倫發行的專輯中，有一張是以他的口頭禪《哎呦，不錯哦》命名的，為什麼周董會挑選這句口頭禪當專輯名稱？原來，他曾在網咖發生一件尷尬事……

有一回周杰倫到外地工作，忙裡偷閒溜到網咖打線上遊戲，突然聽到旁邊有人大喊：「周杰倫來了！」

周杰倫大吃一驚，他戴著棒球帽、口罩，全身上下包得密不透風，竟然還可以被認出來，粉絲怎麼這麼神通廣大？不過喊叫的粉絲淡定地坐在電腦前，沒過來與偶像相見歡，甚至連頭都沒抬，這是怎麼回事？他瞄了一眼對方的螢幕才知道，遊戲中有個玩家的 ID，叫周杰倫……

經過一場激烈的戰鬥，周杰倫救援打出高分，看到隊友們在討論區津津樂道剛才的對戰，他便留言：「謝謝，記得買我

的專輯！」隊友們納悶：「你是？」周杰倫回了自己的口頭禪當線索：「哎呦，不錯哦！」對方震驚：「難道你是？」周杰倫得意地回答：「我就是！」隊友一陣譁然：「居然是張學友！」

> **主持心法**
>
> 培養「故事力」，好的主持人不說教、不說書，只說故事，而且是讓故事自己說起來。

為什麼有人一拿起麥克風，就讓觀眾欲罷不能？這些說話高手有什麼共通點？我們可以從 TED 演講短片找出端倪。

好故事讓人心癢難耐

TED 的主題包羅萬象，點開節目清單，就可以看到「越自私的人越有錢？」、「拖延大師的腦子在想什麼」、「如何讓壓力變成你的朋友」，甚至是「對老公、老婆保持欲望的祕訣」，光聽主題，就好奇得心癢難耐！

分享者在七分鐘到二十一分鐘內，必須完全抓住觀眾的注

意力，控制全場的氛圍，他們不會隨時叫觀眾「pay attention to me」（仔細聽我說），而是講一個生動的故事，讓觀眾走進他們的脈絡中。

當世界級超模卡梅倫・羅素（Cameron Russell）說：「外表並非一切，相信我，我是 model（雙關語：模特兒、模範）。」她談起自己如何當上人人稱羨的模特兒，然後告訴你，這群有全世界最閃亮頭髮與修長美腿、中了遺傳樂透的女性，為何對自身深感不安？

卡梅倫的故事影片被翻譯成多國語言版本，光是中文版就超過一千萬人次點閱。由此可知，好故事就是賣點。所以主持人也要不說教、不說書，只說故事。

故事的人味

一位彬彬有禮、舉止優雅，打扮無懈可擊，嘴巴從來不會冒出一句不得體話的人，為什麼讓大家有距離感？因為這形象太完美了，感覺不像真實的人。

同樣的道理，大明星上節目，觀眾不見得想聽主持人歌頌

偶像的豐功偉業，反而更好奇他們的日常生活、公眾形象的另一面，例如「大明星的尷尬小事」，這個反差就充滿了「人味」！

這時就要「出賣」我的老朋友齊秦，他現在定居北京，大陸很少人沒聽過他的歌，他遞補華語流行樂教父羅大佑，擔任《中國好聲音》的第三季導師，紅透半邊天。有一回，齊秦搭飯店的電梯下樓，一名旅客直盯著他瞧，忽然興奮地高呼：「哦！我知道你！你就是電視上的那個……那個……」怕引起騷動，齊秦微笑示意對方：「噓！知道就好……謝謝。」

「才聽過你唱歌，好有味道！」等到電梯門打開，這名旅客終於靈光一閃，左手背拍右手心大叫：「我想起來了，你是迪克牛仔！」

可想而知，大名鼎鼎的齊秦，當場是哭笑不得。

失誤，也可以靠故事拯救

有一回，創作型才子游鴻明來上我的《好好品歌詞》大陸廣播節目。創作型的音樂人本身有料，加上節目主軸是談他的

創作故事，我只要在準備資料上齊全，理當可以相談甚歡，但也再度印證了，網路資料僅供參考。

「我怎麼不知道，你曾經追隨過張宇當助理多年，才出道？」

「沒有啊！當年我、張宇、凡人二重唱是一起在民歌西餐廳駐唱，從演唱起家的好兄弟……」

我有點窘：「哇，網路資料不可盡信。」

提到網路資料的謬誤，游鴻明自言有一次到大陸演出，主持人也是根據網路資料，大聲地介紹：「歡迎游鴻明回家鄉！」一時之間弄得他好尷尬，只好傻笑過去，「後來，我還認真地查了我們家的祖籍……」

這個故事救了我的失誤，接下來的五段訪問，談到他的新曲、何啟弘作詞合作的〈最遠的身邊〉，有別於過去激情的唱腔，現在多了耳畔的訴說，娓娓道出暖男的真性情。訪談告一段落，講了很多故事的游鴻明，仍意猶未盡地坐在位子上，我相信聽眾也會拍案，游鴻明的專訪，還聽得不過癮！

2.7 敏感問題，問不問？怎麼問？
不在傷口上撒鹽，為轉捩點鋪好紅毯

　　大約兩年前，金鐘獎主持人「佼佼」黃子佼受邀來上我的《好好品歌詞》廣播，配合節目主軸，由佼佼自選最有感覺的歌曲與聽眾分享。佼佼點播了歌后黃鶯鶯的名曲〈哭砂〉，我順勢問道：「二十八歲那年，一段個人感情的結束，因為對方也是知名藝人，引起軒然大波……」

　　那段日子是佼佼最痛的回憶，有半年的時間憂鬱得足不出戶，頻打電話給當時的經紀人閻柔怡泣訴，甚至一度有輕生念頭。等到他梳理好情緒要重拿麥克風時，始料未及會是七年的事業低潮。

　　在〈哭砂〉的旋律襯托下，佼佼吐露當時的心情：「我低估觀眾對藝人形象的標準，回頭看那段時間，讓年少得志的我，稍微停下腳步，重新檢查再投入，也是好的。失敗，就是人生

最好的導師！」

挫敗讓佼佼更懂得惜緣、惜福還有感恩，讓他能一掃過去的挫敗，挺過「缺乏觀眾緣」這樣無情的批評。佼佼坦言，直到主持「金馬五十一頒獎典禮」後，才真正感受到觀眾喜歡他了！

主持心法

要問敏感問題前，一定要先溝通，為對方鋪好紅毯，並著墨於成長的轉捩點，用同理心找出激勵人心的亮點做收尾。

敏感問題通常就是新聞熱點，也就是觀眾最好奇的，但是將心比心，來賓為什麼平白無故要向別人剖析自己的軟弱、無助？主持人也經常左右為難，問了怕得罪來賓；不問，又對觀眾、節目收視率沒有交代。

上一次與黃子佼對談，是我剛從演員跨足廣播，掐指一算已經是二十五年前的事情了！現在是當紅主持人的佼佼，在我一通電話邀約後，立刻排開行程上我的節目，這份相挺與互信

讓我特別感動。

預先溝通

如果訪談中勢必提到來賓「最痛苦的經歷」，即使佼佼是面對麥克風老手，我都事先知會節目走向、訪談的問題。

初持主持棒的新人，千萬不要隱瞞來賓會談到敏感問題，對方若是全無心理準備，搞得冷場甚至翻臉，豈不是得不償失？誠懇告訴對方：「某個橋段會帶到一些，不好意思！」並強調對方的經驗能夠勉勵後進，激勵聽眾或觀眾。

為對方鋪紅毯

「為對方鋪紅毯」就是鋪陳一個舒適的情境，讓來賓相信，主持人不是來傷口上撒鹽的，絕對不會訕笑來賓軟弱、無助的過往，而是站在正面、同理的角度去理解。

音樂道出人的心聲，用歌曲切入是一個很不錯的方法。例如佼佼在《好好品歌詞》的自選曲中，挑了李宗盛的〈寂寞難

耐〉，「雖然曾經有過很多感情的債／對於未來的愛還是非常期待／這一次我的心情／不高不低不好不壞」。我直覺這是佼佼最擅長的唱歌方式，他不置可否，我問他：「不是每個人都能像你一樣，有勇氣去面對，與過去的戀人在十五年後青春和解！」

「我也曾逃避過，也曾寂寞難耐，後來學會了享受寂寞。」佼佼誠懇地說：「有時想解釋什麼，人家不聽、無視你的存在，那真的寂寞難耐！要熬過那個階段，我曾經這樣走過來……」

著墨對方的成長轉捩點

重重摔了一跤的人，是如何走出低潮期的？失敗之後的成長轉捩點，是主持人要帶給觀眾、聽眾最重要的禮物。敏感問題是這個禮物的「伏筆」，帶出受訪者努力、天助自助的堅強面貌，與軟弱、挫敗、甚至輕狂的曾經做對比。

談到給佼佼機會的電視貴人、資深製作人侯文燕，如何慧眼識英雄，佼佼回憶：「我是抱著置之死地後生的心情，接下這個重任，反正也沒什麼可輸了。」

在許多年前的金鐘獎典禮上，佼佼個人表演的脫口秀可圈可點，那是他在演藝圈二十多年積累的藝術養分綻放。令我印象深刻的是，當黃子佼主持「金馬獎五十一頒獎典禮」時，為了傳神地模仿電影《軍中樂園》中，由影帝陳建斌飾演的大陸老兵角色，只穿紅色蛙人短褲上陣開場，成為金馬獎「上空主持」的第一人。

同理心：尋找雙方共同點

同樣身為主持人的我與佼佼，都不是外型條件非常出色的藝人，擔任一個「襯托紅花的綠葉」角色，要經得起觀眾、市場考驗，再起需要時間、機會、貴人，還有不氣餒地求新求變──我想，這就是我們最激勵人心的共同點了。

二十五年後的訪問，佼佼還未到之前，專屬造型師已在錄音室等候，經紀人準時把他接來現場，久別重逢的寒暄之後，造型師為他快速地補妝吸油，隨即坐進了錄音室。從子佼的身形、對話，儼然是業界大哥的神采風範。

黃子佼精彩的表現，印證了「天無絕人之路」，只要不放

棄，機會還是會降臨給準備好的人。已經主持廣播近二十年的
黃子佼，二〇一四年敲響了他生命中第一座廣播金鐘獎，更是
演藝主持生涯的重要肯定。

　　主持人面對敏感問題時，即使以受訪者的挫敗、不幸做起
手式，而故事起承轉合，收尾在光明面上，帶給懷抱夢想的聽
眾或觀眾更多希望與正向力量，也為受訪者形塑百折不撓的好
形象——運用這個方法，讓你的主持更加收放自如。

2.8 雖然我喜歡，不是什麼都可以
千萬別逞口舌之快

回想起十年多前，上海文廣集團替我舉辦了一場「台灣知名藝人──陳凱倫上海見面發布會」，與會的大陸媒體要我談談對台灣當紅藝人的看法。

「憲哥」吳宗憲、《康熙來了》主持人小 S 在大陸紅透半邊天，記者希望我分析兩岸主持人的不同風格。我想到年輕人把憲哥、小 S 當偶像，對於藝人在電視、平面媒體上秀刺青，或在節目上油腔滑調、講黃色笑話，我個人覺得不妥等等。

意想不到的是第二天，媒體只擷取這些批評，其他訪問的正面言論卻付之闕如，聳動的標題與內容，簡直像我專程開記者會砲轟憲哥與小 S ！事情發展到這個地步，無論對主辦單位還是我自己，只有瞠目結舌的無奈。

回台後，我趕緊去電向憲哥解釋與致歉，多麼尷尬與遺憾！

因為一時口快而失焦的記者會，至今都讓我耿耿於懷。

主持心法

一時口舌之快斷了一層關係，最不智！想要自我提升的主持人，只有謙卑、謙卑、再謙卑。

有些觀眾喜歡雋永優雅的，有些專挑生猛嗜血的，主持人的成敗都在一張嘴上，討好其中一邊，必然得罪另外一邊，這分寸的拿捏真難！我自己吃過率性而為、發言不謹慎的虧，但主持人不能當事事迎合的「鸚鵡」，有時候「有技巧」地虧一下來賓或搭檔，才能一來一往、互相接球拋球，一味重複別人的觀點，不只觀眾看了無聊，對節目製作、活動主辦單位而言，又何必請一個「多餘的」主持人呢？碰撞、摩擦才能產生火花，既然如此，就要避免把「差異」變成「舌戰」。

別讓不同意變成舌戰

有一回，也有一位綜藝大哥在公開場合，聊到大陸綜藝節

目《奔跑吧！兄弟》，他脫口說出：「沒什麼好看，難看死了，台灣二十年前，早就做過了（同樣型態的節目）……」

這段頗符合個人風格的直白發言，意外引爆網路論戰，大陸網友直指台灣綜藝過氣了，對於這位綜藝大哥的砲火更是猛烈。身為台灣演藝圈的一份子，我真為此感到不值、可惜。

在網路時代，每個帳號都能成為犀利的評論員，社群網路給每個人滿滿的大平台，一旦挑起網友的仇恨值，下場豈止是萬箭穿心！對我這個年紀的數位移民而言，如果心臟不夠大顆，看了某些留言可是要去住加護病房的。

與其因為與人吵架增加自己的身心負擔，在脫口說出不同意見之前，先暫緩一下，給那些話語增添一些「藝術感」，隨時訓練說話的藝術，避免讓不同意見演變成脣槍舌戰。

謙卑、謙卑、再謙卑

「誰做的節目最好看？」這問題的答案，可以說十年河東十年河西，大陸、韓國、日本的影視節目會吸晴、受歡迎，絕非只是因為國家經濟崛起。我認為，電視娛樂是最容易被接收

的文化之一，節目精彩受歡迎，不僅反應在收視率上，也代表這個國家的文化底蘊。

這些年來，大陸各行各業的從業人員，都充滿積極進取的企圖心。吸收外地節目的優點，然後發展出自己的套路，這也是他們節目愈來愈火的原因之一。

我抱著學習的心情，目不轉睛地盯著《奔跑吧！兄弟》，內心也與「小豬」羅志祥、金馬影帝黃渤一同行腳，製作單位跋山涉水，甚至開拔到新疆沙漠的豪邁企劃，確實頗有可看性！同業的表現是一面明鏡，想要提升、進步的主持人，只有謙卑、謙卑、再謙卑地檢視自己。

記得有一回我前往台北南港扶輪社演講，坐在席間等待上台分享時，抬頭看見講台正上方懸掛了「雖然我喜歡，不是都可以」十個字，這是創社會長王東章董事長的座右銘，心直口快的我，頓時心有戚戚焉。

當我們待在舒適圈久了，容易形成自我中心的世界觀，自尊心也膨脹起來，如果來不及找回謙卑的心，一旦傷害到別人還想自圓其說，就變成傲慢了。

以長期努力彌補曾經的傲慢

傷人的話已經脫口而出，那怎麼辦？修補過錯是一條漫長而艱辛的路，最重要的是，讓別人看到你的改變，並且相信你已經改變了。

我在童星時期就進入電視台戲劇環境，認識了資深演員孫越叔叔，看過孫越和現在公益形象很不一樣的一面。我在訪談節目上與他對談時，點到這段過往，孫越回答得很有智慧：「每個人都有過去，現在的我重新開始。」

孫越從一九八九年開始，全面婉謝商業演出，只為公益代言，從資歷三十七年的老菸槍，至今戒菸超過三十年，也成為菸害防制的終身義工。

對癮君子而言，戒菸多困難！孫叔叔的毅力與改變大家有目共睹。以六年光陰走過人生低谷的我，特別想將這些故事分享給總是「心直口快」、然後為「禍從口出」捶心肝的年輕朋友——你有更多的彈性、更長的時間，去學習怎麼變成更圓融的人。

2.9

發揮同理心，帶出感動，打動觀眾
將心比心，提高談話的層次

　　有一回我應「犯罪被害人保護協會」邀請，主持協會的年度頒獎典禮。

　　為了讓主持更到位，我事前到監所去訪問受刑人、死刑犯，還有被害人家屬，並剪輯了訪談影片播出。那一場典禮特別感人，我永遠忘不了。當晚在餐會中，一名長官好奇地問我：「你是用什麼方法，讓受刑人與被害人家屬說出這些令人動容的內心話？」

　　「將心比心，就會感同身受了。」我想起自己的孩子，當著一桌司法體系長官的面，不禁紅了眼眶，我怕自己來不及救他——在訪問其他「高牆內的同學們」時，我是抱著一顆為父的心，把對方當作自己的孩子，希望他能回到家、重新展開生活，以喜樂的面貌迎向世人。

被害人家屬歷經一關又一關的官司，有人苦等到審判定讞，有人甚至等不到，許多人已經被法律程序磨到麻木，承受巨大的疲憊與無奈，他們最在意什麼？勝訴、敗訴，還是如何重建新生活？與受刑人一樣，受害者家屬也希望能夠再以喜樂的面貌迎向世界。

主持心法

> 將心比心去理解受訪者的想法脈絡，也思考觀眾想看什麼，提升問題的層次，才能找出最真實的故事。

有時電視新聞報導社會案件，記者不知是一時詞窮，還是神經粗線條，劈頭竟問被害人家屬：「你現在心情如何？」這種新聞片段常被網友剪輯成影片嘲諷，都發生不幸了，還問人家心情好不好？！

一名適格的主持人，千萬不要犯這種 ABC 的錯誤。好的主持人不見得要舌粲蓮花，有一顆將心比心的愛心更重要！

步驟一 理解受訪者的想法脈絡

主持人要設身處地，去體會受訪者的境遇，從對方的想法脈絡切入。

投身受刑人教化工作將近三十年的黃明鎮牧師，開設了監所志工教育訓練。黃牧師讓我了解到，受刑人家屬的心特別敏感，雖然他們不是做錯事的人，但他們也一起背負家人的罪與罰，承受外界異樣的眼光，在自卑感與自尊心的拉扯間，別人無心的一句話，可能就重重地傷害了他們。

我曾經是「高牆內的家屬」，完全可以理解這樣的想法與反應。一關又一關的司法程序，已經把從前的銳氣消磨殆盡，希望再被社會接納的過程中，一再反省、調整，近乎低聲下氣，不能抬頭挺胸、還被再三誤解的怨與怒，只有在夢裡才能毫無顧忌地宣洩。

自尊與自卑是一體兩面，這也讓我在執主持棒時，每每提醒自己要設身處地為人著想，避免去踩人痛腳。

步驟二 思考觀眾需要什麼

經營了二十多年媒體，我訪問過近千位藝人、名人，觀眾感興趣的問題，媒體必須去挖掘出答案，媒體的鏡頭就代表觀眾的眼睛，給媒體方便，就是給觀眾方便。

把觀眾放第一位，也使我對媒體同業始終是尊重、體諒，思考對方需要什麼，即使是最傷痛的家事也一樣。兒子從高牆「畢業」的那幾天，一家人按時去跑地檢署的報到、蓋章程序，一路上大批媒體頂著溽暑、忍受夏季攝氏三十五度的酷熱，就為了堵麥採訪我們一家。

媒體問我，是以什麼心情面對孩子的歸期？

「我沒有大家想像的『狂喜』，反而壓力與日俱增。身邊最親的長輩、好友都有意無意耳提面命，要注意孩子的交友、作息……」我摸著良心說，這段時間一直硬逼自己學習，凡事朝正向思考，為人父母唯一的心願是：「孩子過去的錯誤，法律已讓他付出代價，媒體朋友如果能高抬貴手，請不要一直為他『貼標籤』，請給他機會改過。身為父親，所有付出都值得了。」

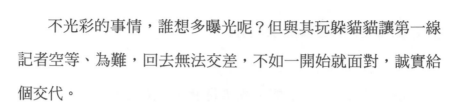

不光彩的事情，誰想多曝光呢？但與其玩躲貓貓讓第一線記者空等、為難，回去無法交差，不如一開始就面對，誠實給個交代。

主持人也該與受訪者協調，在上一個小節「敏感問題，問不問？怎麼問？」中，已分享了主持心法。

步驟三 拋出「更高層次」的問句

在「豪小子」林書豪的紀錄片中，當他為紐約尼克隊打勝關鍵性、讓他揚眉吐氣的那場球賽後，面對 NBA 的種族歧視，球星柯比嗆他「打球軟得像衛生紙」，媒體也對他拋出各種尖銳的問題。

但是，身為虔誠基督徒的林書豪，總是先放下自我，思考：「耶穌會怎麼回答？」

林書豪拉高回答問題的層次，讓他每個應對都很得體大方。同樣的，拋出問題的主持人，也可以提升問題的格局。例如談到一個悲劇時，主持人不該問受訪者「你難不難過？」這種膝反射式的問題，如果能夠提出類似「你如何走出陰霾？什麼支

撐你挺過去？」顯然更能讓受訪者吐露心聲。

　　當受訪者感受到主持人的善意與誠意，就不會排拒遞到面前的麥克風，面對問題，才能夠坦率、不設防地打開心扉。受訪者真情流露，就能與聽眾、觀眾產生共鳴，牽引出有強大影響力的感動故事，這遠比任何教條標語都深入人心。

3

台前台後HOLD得住！
主持人的實戰眉角

3.1
主持是團隊合作
各展長才,認識強者,共享榮耀!

臺灣藝術大學六十週年年終餐會,是我主持過最特別的尾牙之一。臺藝大表演藝術學院院長劉晉立希望在新校長上任時,學校有一番新氣象,因此邀請我擔任活動主持人,並且指派了祕書毓絢、音控勇哥與影片剪輯瑜雯這三位專業夥伴,與我一起組成團隊。

以往,公教機關難得自辦一次聯歡活動,有人習慣一切從簡,或者認為「船到橋頭自然直」。但是,我們四人是專業的執行團隊,過程中碰到溝通上的困難時,我說:「別人不做的,我們就多一份承擔,把它當成是一種學習,最後得到的寶貴經驗,全部會回饋給自己。」幸運的是,三位夥伴與我都有這樣的共識。

在兩次完整場勘、動線設計後,活動當天我們提早了三小

時來場地布置、音響調音與進行節目彩排。等到賓客進場時，所有環節已經各就各位，迎賓樂奏起，長官、來賓進入會場時的眼神，就印證了「多付出，不是傻瓜」！

主持心法

每一個精彩活動，都是團隊成員各展長才的結晶，從合作中認識強者、累積人脈，將功勞歸給團隊。

看到時尚雜誌模特兒的完美照片，不少人會問：「這些照片有 PS（photoshop 軟體修改）過嗎？」答案是幾乎都修過，但修圖只是整體工序的一個小環節。一張完美照片的誕生，首先有專題企劃，然後經過了美妝、美髮、時裝設計與厲害的攝影燈光來完成，不是模特兒個人的美麗與帥氣就能撐起全部。主持也是一樣道理，金鐘獎從二〇〇〇年開始，改以團隊為單位頒獎，就是考量到一部作品是由不同的專業人員通力合作，照顧每一個環節，才能完成的。

共同投入的態度

　　場景故事中，由庶務、剪輯、音控、主持等四個專業人士組合的團隊，在發心「做一場別開生面的尾牙」後，面臨到很多意料中的困難，以及意外的突發狀況，但我們都有共識：「充分準備，是為了不怕萬一。」提早就位，就是希望突發問題出現時，夥伴們有充裕的時間來解決、克服，或是研擬其他替代方案。在共同努力的過程中，也讓我們更有向心力，認知「這是共存共榮的團隊」。

專業庶務：場勘、聯繫、文書作業

　　為了辦好這場尾牙，我們團隊一同去勘查場地兩次，與餐廳方面協商如何補強音響、陳設舞台，以及區隔兌換獎品、報到處的位置，先有通盤規劃，才不致讓入場、活動、上菜的動線互相打架。

　　我們兩度前往的慎重態度，讓餐廳更重視這個活動。所有的前置紙上作業與統籌，需要書信往返、電話聯繫，說服原本

置身事外的人幫忙，這些都是不簡單的專業，祕書毓絢在別人看不到的地方，下了無數苦工！

專業影像：剪輯說故事

一場精采的活動，需要一支會說故事的好影片。在尾牙前一天，我突發奇想，請主修電影系的剪輯師瑜雯，針對「臺藝大六十年風華」製作一支影片，我搭配演唱七〇年代歌王劉文正的招牌曲〈諾言〉，以喚起台下教職員們的「往日情懷」，並且讓與會的年輕同學，重新認識培育他們的學校。

額外剪輯影片費心又費工，瑜雯整整工作了十二個小時，緊急完成這支影片的製作。如果沒有她，就不會有一場「有聲有影」的演出。

專業音控：表演者的救星

在布置場地或活動時，音響基本上已經設定就緒，在哪些橋段要下音樂、配合演出情況調 key，這些都必須時時留心，

專業的音控勇哥更擔任了表演者的救星。

　　在我演唱蕭敬騰版的〈新不了情〉時，一度差點唱不下去，這首原本是我與兒子陳銳的合唱曲目，但因為他聲帶開刀，還在靜養中。父子合唱頓時成了獨腳戲，感傷的情緒在心中氾濫……。我閉上眼睛，把這首不好唱、又高了一個 key 的〈新不了情〉努力地唱完，音控勇哥全力調音配合，就像助我走過最艱苦的這些年一樣，歌聲停歇後是如雷的掌聲，而表演者我最明白，這份榮耀當屬於他！

專業主持：帶動歡笑、製造驚喜

　　以往學校的尾牙，可能由年輕的同學主持，不方便對師長們開玩笑，也不太曉得能「盧」多少抽獎加碼，就多了一份限制。問題是，受限的主持與演出，不可能讓觀眾自然歡笑。我主持過各種政府機關的活動，對分寸與尺度的拿捏特別有心得，在搞笑式的尾牙外，也能帶給所有與會者一份感動，一樣可以賓主盡歡。

　　主持的「互動性」非常重要，特別是在「抽獎」的階段，

主持人必須掌握節奏，帶動歡笑、製造驚喜。我身為臺藝大的
新鮮人，執掌主持棒之前最重要的功課，是更進一步了解校史，
以及師長與演出的各系所同學們。

　　我很樂意貢獻自己在幕前幕後，長年累積的舞台演出經驗，
藉由合作、互動、溝通、協調，傳承給年輕的同學們。只要用
心準備、尊重專業，把人放對位置，讓每個人充分發揮所長，
不只演出更有可看性，也能從合作中認識強者、累積人脈，何
樂而不為呢？

3.2

尊異求同，搞定流程
依循最高指導原則「準時」

　　第五十三屆十大傑出青年頒獎典禮的最大新聞亮點，是金曲歌王蕭敬騰入選十傑。主辦單位當然希望歌王可以獻唱一曲，不過經紀人另有考量，認為蕭敬騰出席是來領獎而非表演，始終不點頭答應。身為主持人的我，要如何把這個談不攏的段子排進流程中？

　　我完全能體會藝人在沒有準備下，就被觀眾起哄表演的困擾；但另一方面，主持人也背負了主辦單位和觀眾的期待，我只能從開場及中場表演的樂團曲目著手，嘗試醞釀出讓歌王願意開金嗓的氛圍。

　　最後，前副總統吳敦義將「十傑金手 」頒發給蕭敬騰後，我即興與他在台上俏皮對話，「盧」了他一下。原本不打算唱歌的蕭敬騰，發表完得獎感言後，竟清唱了英文歌〈I believe I can fly〉，讓全場觀眾為之瘋狂，蕭爸蕭媽也在台下開心鼓掌。身為主持人的我，特別感謝蕭敬騰對我的信任，我也不負主辦單位所託，讓全場觀眾大飽耳福，那樣的興奮與成就感真是難以言喻！

主持心法

> 排定流程時，以「準時結束」為最高依歸，事前把不符合目標的部分簡化、刪除，對意見不合處盡量尊異求同、隨機應變。

活動籌備過程中，主持人同時面對主辦單位、贊助單位、政府官員與觀眾，頭上彷彿多了好幾個公公婆婆，每個人都有不同的期待、意見或禁忌。為了兼顧大局，常常把流程愈排愈複雜，反而好心辦壞事，增加所有人的困擾。

尊異求同、隨機應變

如果在流程上有意見不合處，主持人要盡量尊異求同，找

出替代方案。

回顧開場故事，主辦單位非常希望蕭敬騰獻唱，與經紀人的立場南轅北轍，主持人如何讓老蕭心甘情願開金嗓，為觀眾唱上兩句？

這場典禮有一段特別的插曲，是年幼時因敗血症截去四肢的十傑之一郭韋齊，現場以截肢的雙手彈奏了國民歌曲〈感恩的心〉，她很誠摯地要求十傑同學們，一同上台來為她伴唱，十傑們熱情地配合演出，

就在郭韋齊彈奏完〈感恩的心〉後，現場自然鼓掌口哨要老蕭也高歌一曲，但我把經紀人的顧慮放在心上，替老蕭擋駕，用主持人提詞代替。但有了郭韋齊十足正向、陽光的表率在前面，蕭敬騰笑稱：「前面幾位得獎人都唱歌了，為了鞏固我文化及藝術類得主的地位，不得不唱。」

沒有共識？準時結束就是共識！

如果對活動流程怎麼排始終莫衷一是，那麼讓活動準時結束，就是最高指導原則了。電台廣告、實體活動逾時要罰錢，

精準掌控時間是主持人的基本素養，從結束時間逆推回去，計算每個流程能分配的時間，不符活動宗旨的項目就刪除，如果無法刪除，一定要盡量壓縮時間。

各主持場合常見問題

場合	目標	常見問題
頒獎典禮	榮耀受獎人	串場表演安排與頒獎長官的行程有落差，或是期待得獎者在發表得獎感言時額外穿插表演。
記者會	媒體曝光、廣告宣傳	主辦單位想營造聲勢浩大的場面，常邀請很多友好單位，結果內容鬆散未聚焦，媒體找不到重點，或是偏重某種型態媒體，沒有給予電視、電子、平面記者一視同仁的禮遇。
訪談、採訪	吸住觀眾的眼球	訪問步調沒有循序漸進，以致訪談對象太晚進入狀況，關鍵問題的訪談深度不夠、時間分配不均。
演唱會、表演	讓粉絲偶像相見歡	特別來賓不只出席，還希望登台合唱或是串場，但對偶像的粉絲而言卻十分突兀。
婚禮	完美新人的終身大事	長輩與達官顯貴遲到，加上輪流致詞講話，拖延到婚禮上菜時間，新郎、新娘變成人形立牌，沒有與親友互動。

場合	目標	常見問題
喪禮、告別式	追思緬懷往生者	往生者的親屬對治喪習俗意見不一，以致流程版本一改再改，遲遲無法定案。
公司聯歡活動、尾牙	提振員工士氣	變成大老闆、高階主管輪流講話的場合，基層員工為了準備活動，反而工作最吃重，也無法用餐。
拍賣、義賣會	為社福機構募款	太急於推銷義賣品，讓義賣品連番上陣，沒有給潛在買主喘口氣的時間，也無法在義賣成效不彰時換場改變氛圍。

精簡流程，力求準時

　　以婚禮而言，長輩邀請達官顯貴來站台、致詞，展現家族人脈實力，每一個到場的大人物都要講話，但黃道吉日人人趕場，大人物一人遲到，往往拖延婚宴上菜時間，還要聆聽台上高談闊論，可能讓數十到數百人空腹等待，等到新郎、新娘逐桌敬酒時，就開始有親友必須打包走人，不是很掃興嗎？

　　因此新人第一次進場時，男女雙方主婚人講話後，最多再由證婚人發表短講，每個人的時間控制在三到五分鐘，就可以上菜了。

　　一般而言，餐廳都有固定出菜速度，盡量不要卡住第一道菜，而延誤後續流程。由於來賓差不多也飢腸轆轆，不耐煩聽太多長篇大論了，姍姍來遲的大人物非拿麥克風不可的話，就請他們在席間空檔發揮。

　　婚禮逾時一兩分鐘不打緊，但凡是有府、院等級的長官蒞臨的頒獎典禮，隨扈對時間掌握是滴水不漏的，多一分鐘都不行。頒獎台上進行的節目，得配合長官的行程，又要處理得不著痕跡，以免讓觀眾覺得突兀，這時主持人的調度就非常重要。守時是互信的基礎，下次府院長官看到你，就會覺得安心不少，合作起來也會更順利。

3.3

實實在在做功課
別逃避不想做的事

　　為期四天的「跨界主持王」課程，擔任班主任講師的我，努力整理資料備課。因電影《霸王別姬》採訪張國榮，拍片現場採訪鞏俐，歌手蘇芮、林志穎、王力宏的母帶都在，又恰好找到一段「劉德華：歌的故事〈友誼歷久一樣濃〉」母帶，他剖析亦師亦友的桃姐葉德嫻，這麼珍貴的訪問，唯獨就差一曲。

　　我在台北市東區唱片行找了一整個下午，收錄〈友誼歷久一樣濃〉的《天意》專輯，不但市面上斷貨也調不到庫存，打電話到「華仔天地」粉絲團及華納唱片公司詢問，對方都表示這張專輯年代久遠，實在愛莫能助，真是懊惱！

　　最後我靈機一動，上拍賣網站搜尋，再拜託賣主配合面交。趕去面交的路上我戰戰兢兢，不斷簡訊、電話聯絡，過去從沒這樣快速網路購物的經驗，一時間還真不安心，將近二十年前

的專輯，保存還完好嗎？對方為什麼沒拆封來聽？許多疑問盤旋在我腦海裡，但也只有冒險一試……

主持心法

如何把功課做好做滿，有無盡的方法論，最重要的還是態度——千萬別逃避自己的心理障礙！

只要我經手製作的內容，無論聲音、照片、畫面都非正版不用，網路下載有盜版嫌疑，而且音質不穩。為了給學生最好的視聽饗宴，三到五分鐘的訪談，都必須送到錄音室處理，再由專業剪接師完成。每一個環節都要合法、求好，一定要實實在在做功課。

完美主義也經常讓人茫無頭緒，怎樣才算把功課「做好做滿」？四個小提醒，讓你在千頭萬緒的功課中，找到突破口：

提醒一 耐煩梳理細節

主持人一定要耐煩處理細節，例如一場兩小時左右、看似

單純的頒獎典禮，其實準備過程十分繁瑣，要確實查清楚上百位得獎者的姓名、頭銜、讀音，也要有效率地搜尋相關資料，每個串場的歌曲曲目、原唱者、作詞作曲、背後故事……，主持人最好都能信手拈來，絕非只是「照本宣科」做個報幕司儀。

主持人的熱忱，就展現在「面對細節、處理細節、完美細節」上，想當一名有影響力的主持人，是需要多用心付出的，實在累積做功課，絕對勝過臨時抱佛腳。

提醒二 保留自己的軌跡

二十多年下來，我累積了許多寶貴的採訪資料，上海廣電界資深主持人方舟一再建議我，應該把這些寶貴的聲音、影像貢獻出來，與新生代分享。可惜的是，二〇一三年我搬了家，許多珍藏的 CD 與有歷史意義的文件，包括我十二次入圍金鐘獎的獎狀，就是眾裡尋它千百度也找不著了，令我十分扼腕！

回到開場故事，皇天不負苦心人，我終於買到華仔正版《天意》CD，內心興奮莫名。可以將「劉德華：歌的故事〈友誼歷久一樣濃〉」母帶完美呈現給學生，簡直像中了頭彩一樣。把

做過的功課好好保存，屆時信手拈來，都是精彩的故事！

提醒三 現場教學相長

即使正式登台，主持人的功課也不會停，現場還有教學相長的機會。例如在頒獎典禮上，有些受獎者來不及到場彩排，我便於串場時間提醒受獎者，退場時應讓頒獎人「先行退場」，這就是「倫理」，也是國際禮儀！ 每一次大家都做到了，而且做得很好。

無論電視、廣播還是活動，每一次正式上場前，我其實都無法百分百保證會呈現怎樣的主持風貌。我唯一有把握的是，事前盡可能掌握資料、實在累積做功課，上場時才能從容自在地順勢而為、處理意外狀況，落幕時皆大歡喜。

提醒四 面對心理障礙

最後，千萬別逃避自己的心理障礙。一項功課如果沒有難度，也欠缺突破自我的挑戰性，那就只是一件例行公事，不能

算是功課了！

面對功課，我也有想逃避的時候。例如臺藝大的期末報告主題，竟然是採訪我的前東家「慈濟大愛台」！想當年，我為了處理家事含淚離開，辭職三個月後卻也回不去了。曾經共事的同事們，如今都已晉升高階主管，要我以採訪者的身分，踏進闊別許久的前東家，內心實在非常掙扎、煎熬……

得知同組成員臨時放棄做大愛台，要把研究對象改成其他媒體時，反而讓我一咬牙，二十四小時內完成聯繫、採訪、錄製，接著後製完成二十三張投影片，以及十分鐘的「你，不認識的大愛台」口頭報告。這中間受到許多新朋友、老同事的幫忙與照顧，無論如何，我已經超越了自己，大愛台都跨進了，又有何不可能？

紅翻天的日劇《月薪嬌妻》，原名叫《逃避可恥但有用》（逃げるは恥だが役に立つ）。劇情中，主角先逃避困難，卻又被同樣的問題卡關，最終主角面對自己的恐懼，才有皆大歡喜的結局。其實這是在告訴觀眾：面對人生的功課，「逃避未必可恥，但一定無用」啊！

3.4 製作主持人的專用手卡
擬定「一手掌握」的口白流程表

在一場盛大的頒獎典禮當中，一位頗有名氣的主持人，高聲宣布典禮的最高榮譽「三冠王」時，竟然把這位得獎常勝軍的大名念錯了一個字，現場來賓傻眼之餘，陷入一片尷尬。

這個典禮是第二度由這位主持人連莊拿麥克風，但他上次就曾在唱名時出包，還好不是關鍵時刻，被搭檔及時補救了。沒想到這一次，他在宣告全場最受矚目的獎項時，竟然又一次發生失誤！搭檔想救也來不及了。

這個主持圈的小內幕讓我十分感慨，畢竟馬有失蹄、人有失足，人難免會犯一些小錯，到底是流程有誤，還是這位主持人忙昏頭看錯，抑或是事前準備不夠，沒有做好手卡呢？然而殘酷的現實是，觀眾的直覺反應就是「主持人搞錯了，真不專業」，就算知名度再高、再擅長炒熱氣氛，被主辦單位敬謝不

敏後，也沒有下次了。

　　下工夫，自行製作符合主持需求的手卡，避免淪為觀眾眼中「不專業」的主持人。

　　這些年，我奔波兩岸主持各種活動，看到年輕的製作單位接棒，與下一個世代有更多共通語言，同時我也發現一個現象，就是製作單位經常將活動腳本「一稿兩用」，也給主持人相同的一份，卻不知道這不符合主持人的需求。

〈婚禮流程腳本範例〉

某某大飯店，水晶宴會廳	主婚人	20××年×月×日
新郎：×××，09××-××××××	爸爸某某某、媽媽某某某	12:00入席，25桌，預備2桌
新娘：○○○，09××-××××××	爸爸某某某、媽媽某某某	三套禮服，新祕換造型

時間	流程	項目	內容	注意事項		
				音樂燈光影片	道具人員	備註
11:30	婚禮彩排		引導新人走位彩排			
12:00	迎賓	賓客入場	招待帶位入座，輪播婚紗照片	婚紗照片、迎賓音樂		影片循環播放
12:30	喜宴預告	主持人預告	宣布喜宴即時開始，請貴賓入座			
12:40	開場	主持人開場	介紹與欣賞			
		播放成長影片	新人從小到大的成長故事	成長影片		
12:45	第一次進場	1. 男方主婚人進場 2. 小花童進場 3. 伴郎伴娘進場 4. 準新郎與岳母進場 5. 新娘及爸爸進場	爸爸×××媽媽×××男花童女花童伴郎×××伴娘×××新郎與岳母到紅毯中間等待新娘與岳父進場	播放進場音樂	第一次開門：男方主婚人、花童、伴郎伴娘、準新郎與岳母第二次開門：新娘與父親	1. 主婚人進場後入席 2. 花童入場到舞台前方，隨後直接入席 3. 伴郎伴娘走完紅毯後入席 4. 請主婚人入席 5. 請新人上舞台
（後略）						

　　洋洋灑灑一大張流程，許多細節都與主持人的口白無關，如果拿著照唸，光是要找出有用資訊，眼神根本無暇顧及台下，這樣對觀眾很失禮。因此，主持稿的流程、內容、字體大小，是要與活動腳本有所區別的，主持人要避免「當眾唸稿」的不專業形象，下工夫做手卡很重要。

手卡是什麼？

　　手卡顧名思義，就是主持人能藏在手掌上、「一手掌握」的口白流程表。

〈主持人手卡範例〉

時間	流程	內容
11:30	婚禮彩排	（引導新人走位彩排。）
12:30	喜宴預告	我們的幸福喜宴即將開始，請各位貴賓盡速就座。
12:40	開場	歡迎各位嘉賓來到新郎×××與新娘○○○的幸福喜宴。 我們的新郎×××，是專業的某某國際認證講師，與新娘一起參加成長訓練課程之後，發現彼此共同追求心靈成長、相知相惜，交往兩年後，決定同心合一，攜手共度人生。現在，讓我們欣賞他們的成長影片！
（後略）		

字體眉角大不同

比一比下面的字體級距，順便替自己量一下視力吧！

10 字級：手卡是主持人能「一手掌握」的口白流程表

12 字級：手卡是主持人能「一手掌握」的口白流程表

14 字級：手卡是主持人能「一手掌握」的口白流程表

16 字級：手卡是主持人能「一手掌握」的口白流程表

20 字級：手卡是主持人能「一手掌握」的口白
流程表

　　如果企劃人員「換位思考」，設身處地去想像主持人的立場，手卡字體大小必須在十四到十六級以上。特別是條列人名、單位的名稱時，字體絕對要放大，因為在有限面積的主持台上，直接照射過來的聚光燈太強，或者是光線昏暗，主持人一個眼花很可能唱錯了名，那幾乎是萬劫不復了。

　　主持人可能做過上百場頒獎典禮，但對得獎者而言，可能是這輩子唯一一次，如果唱名有任何閃失差錯，受獎者與坐在

台下的家屬做何感想？

字體工整的重要性

貴賓蒞臨活動的時間不一，主辦單位不免臨時通知主持人，還有需要唱名的貴賓，或是臨時更換名單。我都會拜託製作單位，務必「工整清晰」地寫成字條給我，在匆忙中寫字條，經常會用簡寫、草寫，主持人讀到陌生的字體，或是看不清楚而唱錯名，不知道原委的觀眾，只會認為「主持人不專業」。

別寫多餘細節

台下觀眾是看結果不管過程的，所以，主持人要確保一字不錯地唱名順利。由於活動腳本上的燈光、人員位置和其他附註，不是屬於主持的部分，因此都不需要列在主持稿上。主持人事前要熟悉頒獎流程，研究唱名貴賓的正確發音，並與製作單位確認，多一層準備，就能減少發生遺憾的機會。

刪除贅語虛詞

新生代主持人用詞比較活潑、隨性，但在頒獎典禮、追思會這類正式、莊嚴的場合中，習慣性的贅語虛詞，容易影響典禮的節奏與莊重性，應該直接切入重點，也更有利時間掌握。

製作手卡的打字、排演過程，可以幫你發現自己在哪個環節犯上囉嗦的毛病，也能避免冒出會破壞活動節奏的個人口頭禪。特別是在頒獎典禮上，主持人必須掌控節奏與氛圍，「然後……」、「我想……」、「我覺得……」這些無意義的發語詞多說無益。

至今，我每個活動都會製作手卡，這個看似簡單又瑣碎功課，卻是絕對不能偷懶省略的！主持人必須有專業的認知與素養，不要做「差不多」先生或小姐，不能只靠製作單位的資料流程，必須自行消化吸收，才能夠稱職圓滿的過關。

3.5

主持人好聲音

如何善用麥克風發出悅耳之聲？

「電台情人」李季準大哥在二〇一七年四月辭世，李大哥主持多年的廣播帶狀節目《感性時間》、《知性時間》，與聽眾一起成長，可謂一世代人的共同回憶，不少粉絲感嘆：「永遠懷念的好聲音，伴隨許多人的年輕歲月永別了！」

李大哥少年時家貧，無法拜師學聲樂，他每天到學校後山練習，造就了獨特的嗓音。服完兵役後，正逢中國廣播公司招考節目主持人，他從一千四百多位角逐者中以第一名獲得錄取。

李大哥是我的恩師，猶記一九八九年去採訪他出唱片——《感性歌謠薪傳 I・舊情綿綿》，他勉勵我：「凱倫，做我們這行，就是要像個活字典，不斷充實、不停更新器材，才跟得上時代腳步……有機會，你一定要繼續進修。」

　　時隔近三十年，我擔綱李大哥告別式的主持人，弔唁嘉賓
絡繹不絕，包括高雄市長陳菊、國民黨主席吳敦義，莊嚴隆重
的場面讓我戰戰兢兢，再次憶起拿麥克風的初衷——成為聽眾
最暖心的好聲音，這是一門永不歇止的學問！

主持心法

　　主持人必須掌握各式各樣的麥克風。平常要訓練發聲，
使中氣十足，一拿起麥克風，就能發出悅耳的好聲音。

　　有一位能言善道的地方百里侯，曾經分享自己說話的家學，
他的父親告誡他：「麥克風不好，不要說話。」這個意思是，
麥克風受到干擾、消音時，拿麥克風的人講話便斷斷續續，形
象左支右絀，不僅氣勢弱了，還容易被斷章取義，造成許多誤
會，這種時候寧可不講話。

　　想成為專業的主持人，必須有心理準備面對各式各樣的麥
克風。除了平常就要訓練發聲，講話要中氣十足，讓自己一拿
起麥克風，就能發出讓聽眾、觀眾順耳的好聲音。以下一些小
撇步，給新手主持人以及有機會拿麥克風的職場工作者參考：

小撇步一 保持一個手卡的距離

說話時，主持人的嘴距離麥克風，應該有一個手卡的距離。太近了容易把雜訊都收進去；太遠收音聲量小，講起話來也格外費力，主持幾個小時下來，喉嚨都要「燒聲」了。

至於一個手卡有多長？打開你的手掌，大拇指到小拇指之間的直線距離，就是一個手卡的長度。

小撇步二 別握收音部位

有些人唱 KTV 時，喜歡握著麥克風的收音部位，營造模糊不清的歌唱效果，這在拿主持棒時是忌諱，會讓聲音都是破的。既然麥克風有握柄，就別握在收音部位，保持聲音的明亮清晰。

小撇步三 依來賓的中氣調音

若是對談型的場合，每一位嘉賓聲量不同，有人細聲細氣、有人聲音高亢，在對談開始之前，就要進行調整。如果來不及

事前準備，主持人也要與音控人員保持默契，見機行事。但如果沒有音控人員支援，怎麼辦？這時就仰賴主持人現場調整，技巧性提醒音量小的來賓，「放開一點，嗨一點！」

小撇步四 酒精棉片為喉嚨把關

除非自己準備麥克風，不然通常一支麥克風一定有許多人用過，上一次清潔不知是何時。被噴了這麼多口水，病毒細菌又是肉眼看不見的，衛生起見，我極度推薦主持人要隨身攜帶酒精棉片，在登台講話前，把麥克風清理乾淨。

即使身懷十八般武藝，主持人最終還是靠一張嘴吃飯，一場重感冒就會讓你不得不推掉許多重要工作，與好機會失之交臂。用酒精棉片替自己的健康上一層保險，而我搭捷運、公車等大眾交通工具時，也一定會戴上口罩，來保護我的喉嚨。

小撇步五 真情流露勝過字正腔圓

我原本並非科班出身的廣電人，在主持事業上能拿到三座

金鐘獎，打動觀眾的是真情流露。對於新手主持人而言，也是一樣的道理，天生的美聲萬中無一，最重要的是把感情放進去，比起字正腔圓更能「聲」入人心。

想到二〇一七年五月七日凌晨三點，我還坐在桌前潤稿，再過三個小時，就要為李季準大哥披掛上陣，主持他的追思會。與李家三姐妹看著剛完成的追思影片，雙胞胎的妹妹澤宜聊起李大哥這四、五年在高雄與家人共享天倫之樂，女兒們陪伴父親在家打撞球、出去打小白球，不時問他：「爸爸，這樣好不好？」李大哥直言：「當然不好！」似乎還記得往昔廣播錄音室的忙碌，反而閒不下來享受退休生活。

在〈憶父文〉中有一段，「我想，同一時間裡，你腦海裡也是在放著你七十四年來的電影吧！以前你常常說：『人生如白駒過隙，稍縱即逝。今晚我的體會特別刻骨銘心！」

我忍不住哽咽，情不自禁落下淚來，整場告別式在感念與無限追思中落幕。整理對於「聲音巨人」的點滴回憶，在告別式拿起麥克風，是我能為李大哥主持的最後一場「感性時間」。

3.6 主持場合色彩學
掌握基調，營造專業氛圍

　　猶記二十年前，我第一次受邀去扶輪社演講，緊張得手足無措：「台下坐的都是企業大老闆，我不知道該說什麼！」卡內基訓練創辦人黑幼龍鼓勵我：「大老闆們一生就只懂得賺錢，你擅長的表演、藝術，他們是一竅不通的，放心，只管去講。」

　　這番話點醒了我，如何對應場合的色彩基調，在穿著、舉止上調整自己給觀眾的第一印象，讓對方輕鬆融入所營造的專業氛圍中，的確是一門藝術！

　　扶輪社每月聚會在五星級飯店的包廂內，社友的平均年齡層在五十到七十歲之間。他們清一色穿著黑灰色西裝，正襟危坐又不苟言笑，雖然包廂室內裝潢是暖色調，但氛圍卻是寒色系。

　　為了顯現朝氣與活力，我在穿著上下了一番苦功，喜氣的

棗紅色襯衫,非鮮紅色、不刺眼,優雅的法式灰棉外套,一雙復古咖啡色鏤花皮鞋,外表現代,內在踏實、傳統,和大老闆們的處事態度同步。雖然我還沒開口,已經把向陽、正向的訊息傳達給聽眾了。

 主持心法

　　分析主持場合的色彩基調,調整自己給觀眾的第一印象,讓對方輕鬆融入你營造的專業氛圍中。

　　二十年光陰似箭,從第一次去扶輪社分享迄今,我到扶輪社演講、主持活動,或是幫社友的兒女孫姪輩主持婚禮也不知幾次了。

　　這些年的歷練讓我歸納出一套心得,每個場合都有特別的氛圍和屬性,主持人有時要活潑一些、有時要內斂一些,如何判斷情勢,讓自己無論穿搭、舉止都能融入環境,有一套「場合色彩學」。

場合色彩學

這幾年我例行探訪安養院，主持給長輩的團康，或是與收容人關懷協會前往監所辦活動，帶給高牆內的「同學」更生的希望。

而長期待在固定地點的長者、病友或高牆內同學，他們的穿著與生活環境，已經是一成不變的灰色、藍色，因此若到安養院、監所主持活動，我向來不穿黑灰色、條紋衣，會讓人聯想到鐵窗生涯的色調、圖案、配件都出局。

例如有一次，一位大學生穿人字拖進監所協助活動，事實上，拖鞋是受刑人的標準配備，能自由穿搭各種鞋子的牆外生活，才是他們期盼、嚮往的，牧師忍不住告訴這位同學：「換一雙鞋子吧。」

畢竟在這樣的場合中，我們是表演者，應該反應場合色彩而行，穿著亮麗、充滿希望的色彩，用活潑開朗的語調辦活動，不也能帶給觀眾一些賞心悅目的歡喜呢？

主持場合色彩眉角

例如我在主持能源航運公司董事長程正平的追思音樂會時，有鑑於主旨是「海水正藍，乘長風、破萬里浪」，要展現程董事長對妻小的情、對朋友的義、對工作的投入，以及對社會理想的追求，不是單純地走告別式的標準作業程序。

在這樣的場合中，身為主持我要怎麼裝扮，才能打造出親和感？

最後我避開了黑白配，也不用黑領結、領帶，而是選用了有圖騰的絲巾，造型師也點頭：「主持人總要與禮儀師有所區別吧！」

場合	場地色彩基調	場合眉角
頒獎典禮	常見大紅色背景、暖色調	大禮堂、典禮會場為求隆重，普遍以大紅色布幔做背景布置，出席者普遍穿著正式服裝。 男性主持人可穿紅、黑、亮灰系列外套，搭配襯衫、領結或領帶。
記者會	中性色，全場應該高明度	場地色彩雖不設限，既然為媒體而辦，全場燈光應明亮，不能像演唱會聚焦舞台，觀眾席卻昏暗。服裝可依據主角的形象進行搭配。

場合	場地色彩基調	場合眉角
訪談、採訪	暖色調	營造讓受訪者放鬆談話的氛圍，黃光、自然光比白光舒適。 服裝搭配自然輕鬆，但絕不隨興，可與來賓訪談內容有關。
演唱會、表演	中性色	燈光集中在舞台上，觀眾席燈光昏暗些，讓視線焦點落在舞台。 亮麗的舞台服較合適，因為能站上這樣絢麗的舞台，主持人也是襯托紅花的一顆亮眼明星。
婚禮	暖色系、粉色調的喜氣布置	新人進場時全場燈暗，聚光燈照在新人身上，其他時間要全場開燈。 男主持人可穿紅色或灰色，與新郎有所區隔，絕對不能打扮成白馬王子，搶了新郎風采。
喪禮、追思會	常用白色、正黃、鮮橘色系布置	靈堂布置是飽和亮色，弔唁者的衣著清一色是黑灰色。 中式，或者黑色、藏青色、藍色西裝，搭配黑領帶為宜。
公司聯歡活動、尾牙	暖色調	表演時燈光焦點在舞台上，上菜時間則要全場開燈，方便大家交流聊天。 穿著輕鬆有型、亮眼且年輕化。
拍賣、義賣會	常見大紅色背景、暖色調	類似頒獎典禮，經常在禮堂、典禮會場舉辦，普遍以大紅色布幔做背景，而比起典禮的正襟危坐，義賣活動要更有親和力。 服裝紅色討喜，紅黑搭配不出錯。

有所區別 vs. 入境隨俗

有時候，比起「有所區別」更重要的是「入境隨俗」。舊

曆年前夕，我的老朋友、《蘋果日報》娛樂中心前副主任「曹老大」曹競元因肝癌病逝，因為他的信仰，我再度與慈濟師兄姐一起追思。

或許，有人會不懂，我怎麼又回到「凱倫師兄」？回想當年我最無助的時候，曹老大為我安排去看某位知名醫師，避開看病人潮，只為保護當時身心受創的我；見不到兒子的那段痛苦日子，他自掏腰包，邀我去隱密的飯店 Pub，陪我談心、抒發愁緒。我們之間早已跳脫工作關係，是肝膽相照的朋友。

事實上，人生角色何嘗不是隨著時空環境轉換，主持人要怎樣去與一個場合相得益彰，無論凱倫「弟兄」還是凱倫「師兄」，唯一不變的是我對朋友的心，以及對主持人這份工作的愛。

3.7 時尚星味搭配術
輕鬆駕馭登台服裝

　　第五屆「永達紅包愛」公益義賣活動為弱勢兒童募款，擔任主持人的我，需要以活力四射的形象，帶動現場熱絡氣氛！主持人不僅要體力充沛、動作靈活，還要有亮眼、方便活動的服裝。

　　畢竟觀眾不只在台下看，「推廣紅包愛」的時刻，我得遊走在舞台上下，與來賓們互動，一方面要聽清楚，另一方面讓認購者清楚說出認購數字，最重要的是，我得能夠即時唱名愛心推手的頭銜、大名。因此，從頭到腳的穿著造型，之前我已先搭配了三套，符合我上台的情緒，希望帶給觀眾的第一印象能產生決定性的影響力。

　　最後，我挑中了藏青藍紅格的長版獵裝外套，排汗溫暖的套頭貼身棗紅棉 T，以及紫色黑格紋貼腿褲，加上一雙質感不

錯的黑色白底時尚便鞋，服裝搭配讓我的氣色加分不少。在活動最後，永達大家長吳文永董事長加碼二十六萬元，讓今年募款成績更勝以往，真是莫大的鼓勵！

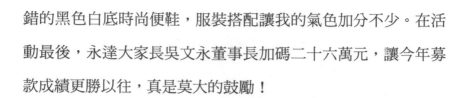

主持心法

　　一套衣服不會適合所有人，培養時尚敏感度，為自己的時尚定主題，自在駕馭這些登台服裝。

　　為了經營形象，我很敢投資自己的衣飾鞋帽，看到價格合理、質感不錯的單品，總是不手軟地買下去，即使一時穿不到，囤起來也好。這行為被媽媽叨唸三十多年，我依舊積習難改，加上這些年四處演講、授課，也自我要求「做什麼事，要像什麼樣」，畢竟「佛要金裝，人要衣裝」嘛。

　　「你是個藝人，沒有穿拖鞋出門的權利。」我的太太黃莉屏從認識我的第一天起，總是這樣耳提面命，出門就算只是吃個便飯，也該好好打扮自己！「因為，你就不是一般普通人，你是有影響力的公眾人物！」

培養時尚敏感度

挑選衣著的品味需要磨練，新手主持人要怎麼穿得有「星味」？企業內部擔任主持任務的工作者，又要如何穿出舞台上的氣勢？平常我走在路上，眼睛總在掃描服飾店櫥窗、路人的時尚穿搭，翻報紙時一定會看影劇、生活版，看金鐘、金馬、金曲獎頒獎典禮，也絕對不錯過走紅毯的橋段，注意男女明星的每一套穿搭，維持流行的敏感度。

時間不多也沒關係，現今有許多「網紅」為你整理重點，在時尚的茫茫大海幫大家點亮一盞明燈，想知道今年典禮流行什麼風格？最美、最帥乃至最突兀的穿搭是怎麼一回事？不妨上網搜尋一下部落格吧！

凸顯重點，別遮住臉

女明星爭奇鬥艷，露出「事業線」、長腿、纖腰展現身材，而主持人是「襯托紅花的綠葉」，即使女性的衣著變化比男性變化多，女主持人也只要凸顯一個重點就好，避免主持現場失

焦,走氣質路線是新手最得體的安全牌。

即使包得緊一點,但還是要「露臉」,千萬別戴面具或口罩把臉遮起來。這項原則唯一的例外,是配合身邊的超級巨星與環境氛圍。

有一回,我主持劉德華的聖誕公益活動,我穿上全套聖誕老公公紅衣,還戴了大鬍子,觀眾認不出我沒關係,因為大家都是來看華仔的啊!

復刻巨星風華

長紅的國際巨星在不同時期,無論是髮型、妝容、服裝到配件,都有他們獨到之處,才會引爆流行。主持人想要有「星味」,站在巨人的肩膀上也是一法!

例如我主持臺藝大尾牙前夕,衣服鞋帽都搭配妥當,出門前突然蹦出靈感,立刻折回家翻箱倒櫃,找出一條海外演出特別訂做的「白色長款絲巾」。在尾牙現場,七〇年代偶像巨星劉文正代表作〈諾言〉前奏出來時,我披上這條劉文正的招牌白圍巾,看到老師們驚喜的眼神,我感到這份心意值了!

定主題、說故事

一套衣服不會適合所有人，為自己的時尚定主題，自在駕馭這些登台服裝，讓「人穿衣服」，而不是「衣服穿人」。去年，我的兒子陳銳參加華視《星光大道》，他的表現與穿著留給品牌公司深刻的印象，我也跟著沾了他的光，成為英國百年品牌Barbour的「全球名人父子檔」台灣人選。

Barbour品牌的公關經理告訴我們：「這是繼足球金童貝克漢父子檔，英國威爾斯親王、威廉王子父子檔之後，台灣也要選一對曝光少，但又有新鮮感的名人父子檔參加……」她的過譽讓我臉都紅了，而她如數家珍地分享品牌走秀的主題，以及如何讓人穿出衣服的故事與品味，真是道出選衣的核心精神。

品牌發表會當天，陳銳穿上米白皮質球鞋，明明戴了頂灰色毛線帽，還是專程去剪頭髮，從裡到外都好看。我穿了一雙皮靴，搭配合身窄腿褲，這樣應該符合「型男父子檔」主題吧？

從年輕跑秀場起，我就相信「上台投資，賺到掌聲」。主持人應該在衣著上認真、聰明地下功夫，砸錢之前，先培養自己的時尚感，穿出朝氣活力，營造讓觀眾耳目一新的品味！

3.8

治裝經濟學
汰換不如保養，聰明打點生財利器

「每次主持節目，都像是在搬家一樣。」綜藝界大姐張小燕每次上節目，都會拖著一個大行李箱，裡面收納兩、三套衣服，以及好幾雙鞋子。小燕姐的服裝不會「一套到底」，就是做了這番準備功夫。

衣服怎麼穿、怎麼買是大學問。綜藝大哥胡瓜是大忙人，他自言不想花腦筋在搭配上，每次去採購，合穿的同款衣服就買個五到十件，看起來就算是穿同一套，依舊亮麗如新。

過去我主持《大愛會客室》，電視台的節目製作單位與服裝廠商簽約，即使上節目不必煩惱治裝，我還是很喜歡採購衣物。為了節省經費，我一度想效仿瓜哥的購衣哲學，但同款式的衣服囤積下來，竟然好幾年都沒穿到，原本想減少開銷，對我反而變成浪費了。

　　我離開大愛台之後，開始在兩岸三地主持、授課，從頭到腳都必須自己打理，就像新手主持人、藝人或是初拿麥克風的職場工作者一樣，治裝也講究「經濟」，自然衍生出一套「治裝經濟學」了！

🗨️主持心法

　　與其每年汰換，不如確實保養好衣服行頭！舞台裝和日常衣物必須分開，至於最不能省的治裝投資，就是鞋子了！

　　主持人的衣服要花多少錢？買名牌還是白牌？這向來是個大哉問。螢光幕上光鮮亮麗的明星、模特兒，也不是天天一身名牌，他們常透過網購、去五分埔掃貨，入手當季流行服飾。「亞洲時尚舞后」蕭亞軒挑選服裝快、狠、準，甚至都不試穿，她曾分享自己的「懶人挑褲法」：「把褲頭拿起來圍脖子，如果剛好就會合身。」

　　白牌成衣市場競爭激烈，跟風也跟得迅速，品牌廠的當季新款，很快就有類似款型，對於預算有限的新手主持人或職場

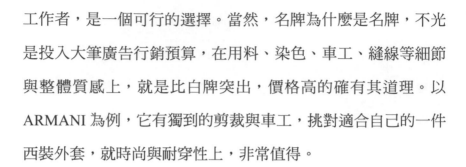

工作者，是一個可行的選擇。當然，名牌為什麼是名牌，不光是投入大筆廣告行銷預算，在用料、染色、車工、縫線等細節與整體質感上，就是比白牌突出，價格高的確有其道理。以ARMANI為例，它有獨到的剪裁與車工，挑對適合自己的一件西裝外套，就時尚與耐穿性上，非常值得。

建議一 趁特賣會掃貨

名牌平時的價格硬梆梆，不妨先記下貨號、款式，趁特賣會時掃貨。面對不打折的經典款，與特定店家經營好關係，除了能以較優惠的價格入手，在資訊上還可互通有無。

如果預算不夠添購名牌，就以技巧性混搭來提升質感。不過，近年來由於經常到大陸演出，我反而常穿著台灣新銳設計師設計的單品，不輸外國知名品牌。更重要的是，我是代表台灣的主持人，自然更要支持優秀的台灣設計師。

建議二 技巧性混搭

許多「網美」穿平價服飾拍照，為什麼看起來質感滿分？不乏年輕朋友看了照片滿心歡喜，立刻把這些衣服放進購物車，收到實物時卻納悶「好像不怎樣」，懷疑是網美照片修很大。其實除了修片之外，這些網美會設計拍攝情境、動作，也會搭配其他單品，例如閃亮亮的長項鍊、有個性的鉚釘腰帶、好看的手提包等等，讓整套搭配亮眼起來。

有時候，我會拿兒子陳銳的衣服鞋子穿，年輕潮牌的視覺效果就是比較「跳」、有活力；如果我只穿屬於自己年紀的衣服，就完全是個「大叔」了。站在舞台上，不妨大膽一點！當我拿起麥克風，特別是主持一九九〇後出生的新人婚禮，我堅持外型穿著與語言表達──「我是凱倫大哥」，而非大叔！

建議三 鞋子不能省

「全身上下的行頭中，到底哪一樣對主持人最重要？」曾有學生問過這個問題，我的回答是：「其他都可以省，只有鞋

子不能省！」

　　主持人一站就是一、兩個小時起跳，大型晚會、頒獎典禮可能是五、六個小時之譜，有時還要台上台下滿場跑，即使活動主辦單位準備了高腳凳，也是靠一下稍息，不能當真坐下去。好鞋子不只有質感，同時能善待自己的雙腳，讓工作疲勞快速復原，並且避免足部的職業病。

建議四 平日別穿舞台服

　　入手了新行頭，總是恨不得立刻穿上，但請先按下暫停鈕，想想這套衣服是用在什麼場合？舞台裝和日常衣物必須分開，同一套衣服穿了兩三次，上了舞台就沒有這麼亮了，尤其趕場的路上千萬不要穿舞台服，寧可提早出發、預留著裝時間，到登台前再換上。

　　畢竟路上大包小包，舟車勞頓之間，可能囫圇吃了個便當，搞得衣服皺了、鞋子髒了，還不小心沾到洗不掉的油漬，豈不是讓人徒呼負負嗎？

建議五 注意保存環境

台灣天氣多雨潮濕，是黴菌與微生物的天堂，真皮外套、配件、鞋子容易發霉，與其每年汰換壞掉的行頭，不如確實做保養！隨時注意除濕，大衣要送去乾洗保養後，才收進櫃子裡。把這些行頭放在通風乾燥的地方，定期拿出來曬曬太陽，但絕不要曬過頭，反而讓衣服褪色。

現在市面上有很多芳香劑、除濕劑，放在衣櫃裡防蟲防潮，但切記，別把衣服弄得都是化工樟腦丸的味道，讓自己聞起來像「爺爺奶奶的櫥櫃」。

我們花了這麼多篇幅，從場合色彩談到穿衣搭配，再談到治裝的小撇步，品味的建立不是一朝一夕。「衣裝」是主持人的門面，如何為自己添購生財利器，也是需要摸索的。

每個人都有適合自己的購衣方案，不必一開始就模仿明星、大腕主持人的作風。有時候東西買多了，反而用不到，款式過季了就形同出局，想要有面子又有裡子，還是先從妥善保養自己現成的衣物開始！

3.9

主持人的健康管理
照顧自己是基本的敬業態度

　　每次我前往大專院校演講，都會為聽講的學生們準備答題小禮物。學生們抽到王力宏、吳奇隆、郭富城、劉德華等大明星的簽名照，總是開心不已，我也趁勢談談與偶像們的互動、故事，以及從他們身上學習到什麼主持技巧。

　　一名黎明技術學院表演藝術系的學生，抽中了一雙環保筷，他很好奇，這雙環保筷又有什麼故事？我告訴他，吃與健康息息相關，現代人難免外食，比起使用免洗餐具，不如隨身攜帶一副材質安心的餐具，同時兼顧體內環保與垃圾減量。

　　大陸有一句俗諺：「身體是革命的本錢。」我進一步解釋，革命的意思很廣，個人的上進、努力也是自我的革命。但一直身處工作、應酬的壓力鍋中，疏忽了對身心的照顧，長久下來便等於放任疾病坐大。因此在禮物袋中，我都會準備一樣與「健

康」有關的小物，提醒大家不要揮霍健康，畢竟沒有健康，擁有再多都沒意義！

> 　　只有身心健康的主持人能長久在舞台上服務觀眾，最基本的敬業態度，就是好好照顧自己。

　　擁有健康的年輕人，最容易揮霍的就是健康了！十幾二十歲的大學生喜歡揪「夜衝」（深夜騎機車出遊）、「夜唱」（深夜去 KTV 唱歌），通宵打電動、打麻將不是問題，往嘴裡狂塞甜點零食，猛灌含糖飲料或是各種酒類都不怕胖。殊不知，這些欠身體的債遲早要還，而且是連本帶利地還。

照顧自己就是敬業

　　有一天，兒子陳銳告訴我們，他入圍了華視歌唱選秀「星光五十強」。我心想難怪這段日子，他為了提高唱歌的肺活量，心甘情願戒煙、努力運動，完全不碰從小最愛的冷飲、霜淇淋

與麥當勞，就怕變胖和傷喉嚨。親友幾次相約聚餐，他都說：「我好想吃……但還是算了！」為了觀眾也為了自己，總要有所取捨，這是要拿麥克風的基本功之一。

主持人的身材要求不如偶像那麼嚴格，男主持人不宜太瘦，以免在螢光幕上分量不足，但也不能過胖，畢竟挺著大肚腩，「叔」氣就跑出來了。我常說，目標是當有活力、有朝氣的凱倫「大哥」，而不是暮氣沉沉的「大叔」。除了在穿著打扮上下功夫，我也勤練腹肌，這年紀不求有六塊肌，起碼別讓小腹凸出來。

其實無論什麼行業，好好照顧自己都是一種敬業態度。新手主持人想維持體態，無論手術、用藥、微整形都有一定程度的副作用，多運動、調理飲食聽起來了無新意，卻是最健康、最可長可久的方法。

遠離壞習慣

演出《鋼鐵人》站上事業巔峰的演員小勞勃道尼，年輕時不斷因為毒癮進出勒戒所，讓許多合作案中途喊卡。後來製片

祭出大絕招，在合約上扣住他百分之四十的薪水，直到電影拍攝完畢才發薪，來避免他工作期間嗑藥。

不是每個人都有小勞勃道尼的實力、背景與運氣，能夠克服惡習重返榮耀。與其感嘆「早知如此何必當初」，事後窮盡青春去彌補過錯和重建社會信譽，從一開始就別沾上酗酒、賭博、濫用藥物這些惡習。

當無常比明天先到

我四十九歲那年，在台北市北安路中央電台門口，被一位習慣右座駕駛的新加坡人士一個急轉彎迎面撞倒，瞬間眼鏡、手提袋、CD唱片與文件灑了滿地。一時間我還沒感覺痛，只是滿心焦躁：「怎麼會撞到呢？我馬上要進電台錄訪問……」

當下不覺得傷得多重，我站起來想走，對方卻攔住我，顫抖著掏出小鏡子要我照照，我很納悶對方怎麼比我更緊張？不看還好，一看不得了，我的左臉全是血！主持人破相是大忌，為了生命安全，電台訪問暫時顧不了，連忙叫了救護車，直奔醫院急診室。

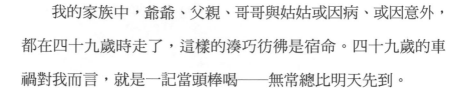

我的家族中，爺爺、父親、哥哥與姑姑或因病、或因意外，都在四十九歲時走了，這樣的湊巧彷彿是宿命。四十九歲的車禍對我而言，就是一記當頭棒喝——無常總比明天先到。

珍惜每個當下

那次車禍，讓我在仁愛醫院躺了半個月。微妙的是車禍前幾天，我主持了傳奇畫家劉其偉先生的生前畫作義賣會，當時仁愛醫院院長感動之餘，與我交換了名片，並歡迎我有空拜訪他、去醫院演講。沒想到，因為這場意外用上了他的名片，承蒙他的悉心與專業建議，讓我幾乎沒有後遺症地回去主持「大愛會客室」。

倏忽十年過去，大家總是驚呼外表看不出來，事實上我即將跨越六十歲，歲月不饒人，一路走來愈來愈有感。為了隨時登上舞台服務觀眾，我努力將自己調整到最佳狀態、願意付出更多心力準備，因為我體會過「無常永遠比明天先到」，所以更珍惜每個當下！

4

場合不設限！
當一名全方位主持人

4.1

正式的頒獎與授證典禮
檢視細節，掌握儀式禮節

「小英總統要來！」

之前「第十二屆身心障礙者藝術巔峰創作聯展」，都是藝術家先前往總統府、立法院，接受總統與立法院長接見，再到國父紀念館舉行開幕式。而第十三屆有前所未見的亮點，總統蔡英文要親臨開幕式，為身心障礙的創作者加油打氣。

總統第一次大駕光臨，不只是主辦單位中華身心障礙者職業技藝協會的光榮，理事長陳土金也要向總統傳達身障朋友的心聲。除了恭請總統在每個畫框上面簽名，讓身障藝術家們可以順利銷售作品，也希望找到一個「身障藝術家園」，讓身障朋友有展覽、創作的空間，進行更多國際交流。

一場活動背負這麼多期待，身為主持人的我雖然很早就拿到活動流程，但根據經驗，有高階長官蒞臨，各種細節就會改

到最後一刻！例如，總統有多少時間？活動中是否出現政治敏感字眼？這些都需要事先檢視協調。

　　頒獎、授證典禮對受獎人而言，可能是一生僅此一次的殊榮，留意每個細節，為主辦單位搞定繁文縟節，就是最好的錦上添花。

　　半官方或非官方民間機構舉辦的授證與頒獎典禮，都希望請到政府要人來頒獎，而官場禮節繁多，如果你是第一次和政府機關接洽的主持人，多半會覺得自己像劉姥姥進大觀園。這裡先來做五題是非題熱身一下：

1.（　　）主持人唱名總統時，說「蔡總統英文」和「蔡英文總統」是沒差別的。
2.（　　）在主辦單位致詞前，由各級官員致詞。
3.（　　）總統致詞完，換其他官員致詞。
4.（　　）安排好的表演、曲目，都請總統欣賞完畢，再進

行活動。

5.（　）給活動贊助商的感謝狀，可以請總統頒發。

如果你這五個答案都是 × 的話，恭喜你，對於主持人的實戰眉角已經有基本的認識！為什麼正確答案都是 × 呢？

1. 蔡與菜同音，因此稱呼「總統蔡英文女士」或「蔡英文總統」，遠比「蔡總統英文」恰當。
2. 由活動主辦單位最先致詞，接下來才是各級官員。
3. 在總統抵達前，各級官員先致詞烘托氣氛，等總統抵達；在總統致詞過後，其他各級官員不再發言。
4. 總統行程滿檔，表演節目一曲目、一支舞即可，盡快切入活動重點。
5. 贊助商並非頒獎、授證典禮的主角，應由主辦單位代表頒發。總統府以降的政府機關為了避嫌，是不會為民間團體的贊助商頒感謝狀的。

我們從活動開始之前，完整彩排一次吧！

增加工作證

正副總統參加民間活動時，會場都需要安檢，沒有主辦單位核發的證件，無法清楚辨識身分，甚至不得進出活動後台。主持人要先計算工作證數量，自己與隨行助理、攝影都要配戴。

確認獎項名稱與淵源

「身心障礙者藝術巔峰創作聯展」的前身，原本是在內政部與文建會（文化部前身）轄下。陳土金理事長認為，這個活動對身心障礙藝術家十分有助益，於是接棒舉辦了十三年，典禮並不做競賽排名，而是在四十到五十個報名者中，選出十五到十六位參展。

主持人除了要清楚獎項名稱，也要查清楚開幕式是否有配合國際身心障礙日，以及展出場地國父紀念館有怎樣的淵源。

單位、人名都有全名稱呼，為了語調流暢，在講了一、二次全稱之後，可以改用簡稱。

確認發言流程

重要的流程全部逐字順過，活動主辦單位的代表人最先講話，官員代表發言完畢後，請活動主辦人、館長與官員代表去迎接總統。

在位階最高的官員出來之前，其他流程都是墊場，逐漸烘托氛圍。以上述開幕授證典禮為例，幫總統熱好場面，總統出來之後，其他官員都不再發言。

介紹開場表演

扼要介紹表演者和主辦單位的淵源。

例如陳土金理事長以團長身分，帶領許多身障藝術家出國展演，與每個人都有深厚交情，而接下來的表演介紹，就要考量如何呼應這段情誼，以及如何為頒獎、授證典禮畫龍點睛。

抓緊時間

務必提醒長官、贊助者、受獎者準時抵達，以總統抵達的時間往前推，在通知時可以把入席時間提前。

官階愈高、時間愈緊，例如侍從官經常會事前提醒主辦單位，或直接請主持人把握總統到場時間，不宜讓國家元首久候。總統是無法等待表演兩首曲目的，一個最精采的表演就夠了，盡速切入頒獎、授證典禮的重頭戲。

頒獎和領取感謝狀

重頭戲來了！在典禮進行中，不可以把國家元首或重要官員晾在一旁，所以別讓總統回座位或是退場，請總統一直站在舞台中間。另外主持人要事先提醒參與者，退場時不可以直接從總統或重要官員面前走過，應該從他們身後繞過。這是禮儀與尊重。

超越麥克風的影響力

〈場地示意圖〉

活動主視覺看板
站 立 的 授 證 者：××××××（ 後 排 ）××××××
坐 著 的 授 證 者：○○○○理 事 長、總 統○○○○
觀眾席：
□□□□□□□□□|　　走　　|□□□□□□□□□
□□□□□□□□□|　　　　　|□□□□□□□□□
□□□□□□□□□|　　道　　|□□□□□□□□□
攝影媒體區：電視攝影機、攝影機、攝影機

　　同時，替媒體攝影機想像畫面，授證者要怎麼排隊？走位要怎麼走？「身心障礙者藝術巔峰創作聯展」的特殊之處，就是有很多坐輪椅的藝術家。

　　為了畫面層次分明，應該讓站立的授證者先上台，在總統頒完證書之後，後退到第二排，然後由坐輪椅的授證者上台。

貼精神標語與大合影

　　等總統頒完證書後，授證者不退場，這時主持人唱名，請陪同長官上台，站在受獎者身後。

接下來發精神標語手拿牌給陪同長官，由陪同長官們轉身，將精神標語貼到主視覺上，貼完回頭大合影。

為什麼領證、貼精神標語、大合影要分開？因為要讓流程明確，不要把兩個動作連在一起做，分階段可避免場面混亂。

參觀

總統、官員與主辦單位代表一同參觀展覽，敦請總統在每一幅畫框上面簽名，回應主辦單位一開始的訴求。

待總統離場時，主持人唱名陪同長官恭送總統，等到總統離去後，開幕式進入來賓自由交流時間。這時主持人心中的大石頭，終於可以稍稍卸下了！

莊嚴隆重的官方活動
繁文縟節不漏網

　　讓我印象最深刻的政府主持活動之一，是兩年前與台北市長柯文哲、前宜蘭縣長林聰賢齊聚在墓地，為一代先烈、社會運動革命家蔣渭水先生舉辦移靈返鄉的儀式。

　　活動當天清晨，彩排告一段落時，附近一位居民騎著機車來到現場，拉開嗓門大罵：「我從早上六點就聽你們在彩排，吵得附近不得安寧，你們知道我昨天是夜班嗎！你們到底是在幹什麼？」

　　媒體立刻蜂擁而上去拍這位居民，鎂光燈讓他罵得更起勁了。我不希望原本活動的美意付諸東流，忍不住回了他一句：「請你也尊重，這是國家級的儀式。」不料這讓他更氣急敗壞：「你們看，連主持人都教訓我……」

　　巡警及時制止這位居民，才沒讓他衝進會場主持區，我拿

麥克風主持二十多年，第一次碰上現場衝突。開場在即，念及
辛苦場勘的團隊與許多前置作業，我暗暗提醒自己：「我是主
持人，不是風紀股長！」活動開始後，拿起麥克風娓娓道來，
我的心情因這個意外略微沈重，但似乎也配合了啟程儀式的氛
圍。

主持心法

> 政府活動必然會參考去年相同性質的企劃，主持人一
> 切謹慎為上，千萬別出錯。若能累積互信，下一次就有機
> 會再續前緣！

公家機關有許多防弊法規，加上必須慎重行事，自然衍生
各種繁文縟節。主持人除了掌握表訂流程外，更多的眉角是「長
官 feeling 不出錯」。

當一場活動涉及跨部會、民間合作，一個主持人頭上有一
群公公婆婆，就必須兼顧多方需求。意在言外的潛規則更是輕
忽不得，例如政治人物王不見王的心結、解讀官員出席狀況的
政治意涵、名字頭銜怎麼唸，這些都是大學問。

弄清潛規則

一場官方活動中，政壇重量級人物雲集，主持人按照職銜、位階唱名，引導他們進場，還要把潛規則摸個通透。政壇上，有心結的雙方若非要一會，通常「會無好會」，一定要謹慎用字遣詞，千萬不要踩地雷！

主持人的任務是讓整個流程順利進行，不使活動失焦，一旦得知某位政要與誰有瑜亮情結，千萬建議主辦方別讓他們一前一後進場。官場對「前後」、「左右」格外講究，誰「上台」或「坐在席間」，是「攜手」、「交頭接耳」還是「無互動」，都有不同的解讀，技巧性讓雙方進場時間錯開久一點，致詞、頒獎時更要避免互搶鋒頭。（如果有這類敏感的特殊情況時，通常主辦單位會事前與主持人研究討論或告知如何處理。）

兼顧多方需求

蔣渭水先生移靈儀式由台北市政府、宜蘭縣政府、蔣家人共同舉辦。蔣家代表特別交待，活動用字遣詞上不要太多殯葬

用語，才更符合「上醫醫國，渭水歸根」的主題。

而這個活動是台北市府殯葬科經手，也不能和喪禮毫無關係，於是我用以下口白開場：「日據時代出生宜蘭，台灣民族運動的先驅──蔣渭水醫師，生前堅持不做法會、不燒金紙，在八十四年前，他儼然是節葬、簡葬的先驅。享年四十歲又六個月的蔣渭水先生與夫人，今早，在台北市及宜蘭縣大家長遞交儀式中，即將啟程返鄉……」

熟悉流程

移靈有諸般繁文縟節，我暗自慶幸體能、記性還算靈光，尚能消化這些平日不常碰到的禮儀流程，但光靠記憶不夠，一定要實地走訪、排演，才算真正熟悉。

在活動兩天前，我與市府承辦同仁、公關公司，從山下開始與蔣家家屬代表協調，並來到墓地順過所有細節，從啟攢、破土、捧新骨函（骸）給孫子，到兩位首長同時遞交蔣渭水先生的精神文物、遺物給另外兩位曾孫等等。

下午三、四點，正是墓園蚊群最活躍時刻，參與場勘的人

都被蚊子叮得滿臉包,這時別忘了展現主持人認真準備的基本
態度!

媒體曝光

除了要充分掌握各項細節之外,更重要的是媒體曝光,包
括如何安排媒體站在最適中的位置,捕捉到每一段過程,並且
有電源及訊號線,同時降低所站位置的危險性。

在蔣渭水先生移靈儀式現場,能讓媒體站著拍攝的位置,
實在非常有限,也讓市府承辦同仁頗傷腦筋。這些細節不會寫
在活動流程中,主持人在彩排時,也要一併考慮。這是沒有人
能教的課程,大多仰賴經驗的累積,以及主持多年記者會自己
摸索出來的臨場反應。如果主持人的資歷、信任度不足,往往
就不知道要如何去滿足現場各家媒體的需求。

感謝致意

大家一定好奇,開場故事中的窘況,該如何收尾?等到活

動結束前，我透過麥克風向附近居民再三致意，抱歉打擾到他們，感謝大家的配合、體諒。這是我代表主辦單位該說的，凡事將心比心，多一份尊重，就不會發生居民抗議的插曲了。

在活動尾聲，主持人一定要逐一感謝、唱名每個參與單位，表彰他們負責的業務，不只是給工作人員一個鼓勵，也讓長官們知道每個部門貢獻了什麼，俗話說「花花轎子人抬人」，就是這個道理！

累積互信

政府單位為求順利、不出錯，辦活動時必然會參考上一次同性質的企劃，是在哪個場地、由誰承辦、誰主持……，如果沒有不良紀錄，經常不會有太大變動，來年繼續「蕭規曹隨」。

例如多年前，馬英九先生擔任台北市長時，為遭受家暴、轉診問題而不幸過世的四歲邱小妹舉辦了追思會。當時我擔任追思會的主持人，之後市府推動樹葬、海葬，也是由我來主持。事隔十年後，市府再找到我主持蔣渭水先生的移靈儀式，就是互信的累積。

4.3
有媒體效益的記者會
以公關公司角度思考，創造「收視率」

　　幾年前，我主持了大陸百花影后劉曉慶《風華絕代》舞台劇在台灣演出的記者會。隔天，又臨時應主辦方的請託，幫李敖與劉曉慶的座談串場引言，這場「影后會大師」的亮點，莫過於劉曉慶超凍齡的祕密。維基百科上記載她是「一九五○年十月三十日出生」，外表看起來卻像三十幾歲的少婦，同齡女演員演老旦、祖母級角色，她竟然還是演少女，如此超級美魔女，無怪乎李敖大師也為她癡迷。

　　然而，溝通是最難的事情。劉曉慶非常在意形象，記者會時，她就擔心入座後，自己的絲質改良旗袍禮服會皺掉，好說歹說都不肯坐下。經紀人則堅持，如果要她坐下，記者會完畢後就直接離席、不接受聯訪。但是台灣媒體希望能捕捉到劉曉慶的全身照，也還有許多問題想要問她。

我靈機一動，安排了「獻花」的橋段，劉曉慶必須起身接受捧花，藉機擺脫傳統一字排開的座位形式，漂亮面對鏡頭。而媒體最好奇的，莫過於「實際年齡到底幾歲？」「是不是靠手術（整形）凍齡？」哇，美魔女影后要怎麼面對這些辛辣的問題？身為主持人的我，這時候又該如何做呢？

主持心法

記者會的主體是媒體，以及後續的媒體曝光，竭盡所能端出有「收視率」的牛肉吧！

記者會有制式流程，如果主持人只是在現場走完流程，便覺得自己責任已了，那格局就流於照本宣科的司儀。我認為，主持人應該把自己定位成「一家公關公司」，從事前聯繫、現場流程、斡旋採訪到活動後續媒體曝光，都當作分內的工作來思考，才能做出一場「有媒體效益」的記者會！

〈記者會流程範例〉

日期／時間：20×× 年 × 月 × 日，下午 15:00 ～ 16:00

地點：×× 大飯店迎賓廳

時間	內容	總時數	工作重點
14:30 ～ 15:00	貴賓及媒體報到	30 分鐘	確認貴賓最後出席名單、整理出該新聞線記者的名片，建立媒體資料庫。開場前的準備。
15:00 ～ 15:05	主持人開場	5 分鐘	主持人扼要說明記者會的宗旨。
15:05 ～ 15:10	暖場表演、影片	5 分鐘	給需要動態畫面的電視、網路直播媒體拍攝。
15:10 ～ 15:25	長官、貴賓致詞	15 分鐘	蒞臨的重要人物輪流發言，每人三到五分鐘。
15:25 ～ 15:30	活動主視覺、精神標語展現	5 分鐘	呼應記者會的宗旨，為剛才的致詞內容做一個小結論。
15:30 ～ 15:35	大合影、呼口號	5 分鐘	給媒體補畫面，蒐集會後新聞稿的圖像資料。
15:35 ～ 16:00	媒體聯訪	25 分鐘	讓媒體與貴賓進行交流，留心是否有品牌公關危機的問題出現。

一切以媒體為重

記者會的主體是媒體，應該把成功 KPI 訂為「有多少媒體曝光」，千萬別把記者會辦成親友忘年會，只有親友來閒話家常，屆時就算現場再熱鬧、慶賀花籃再多，都無法達成推廣宣傳的效果。

「一切以媒體為重」是指記者會在時間、場地訂定上，都

要為媒體設想，包括記者會地點交通方不方便？電視媒體何時要送帶子？平面媒體何時要截稿？記者會時間會卡到記者的作業時間嗎？不同屬性的媒體可以發展哪些題材？整個流程是否長短合宜？有沒有具有新聞話題的重量級人物來站台？媒體想要拍到怎樣的畫面？

　　在這些細節之外，最重要的就是端出足夠「吸睛」的內容牛肉！

挖掘活動亮點

　　如果主持的場合夠重要，記者們不求獨家但絕對不能「獨漏」，鎂光燈聚過來擋都擋不掉。一名發言人形容他經手的大型公民運動盛況：「一大早手機就響個不停，每一段通話中都有兩三通插播，我後來忍不住內急衝進廁所，但一條褲子脫下去又穿起來、脫下去又穿起來。三、四次之後，我終於忍不住告訴打來的記者，我一定得先上個廁所，一分鐘後就回電……」

　　如此頭版級的媒體效益可遇不可求，畢竟對媒體記者而言，每天都有四面八方來的新聞稿、邀請函，因此你的場合有什麼

亮點，讓他們非來不可？來了之後有沒有報導見刊？主持人應
該與記者會的主辦單位一起找出亮點，有了足夠亮點，當然就
可以不下廣告、不做「業配文」了。

沙盤推演敏感問題的答案

　　在籌劃記者會時，媒體對哪些議題感興趣，是主持人必須
留意的，事前掌握媒體問題走向，才能投其所好端出牛肉，同
時避免公關危機。

　　回到開場故事，坊間對劉曉慶的實際年齡有許多版本，維
基百科的記載到底正不正確，其實是打了一個大問號。

　　想想也不奇怪，五、六十年前大陸經濟尚未發展，不少貧
困的家庭不為女嬰報戶口，加上大時代幾波社會動盪，戶政紀
錄上多幾歲、少幾歲很常見，個人的真實年齡只有個人最明白
——這是媒體最想從劉曉慶口中挖出的謎團，卻也是她最不想
談的。

用幽默避免公關危機

「身為一名偶像，有必要為粉絲永保青春。」談到整形，
劉曉慶的回答很有智慧，而媒體記者一再追問她的生肖，就是
要推測她到底幾歲，眼看現場氣氛快要鬧僵了，遇到這種情況
該怎麼辦？來聽聽李敖大師是如何「突圍」的吧！

「如果劉曉慶屬蛇，就和我前妻胡因夢一樣年紀；如果是
屬馬，就和林青霞一樣年紀，都是美女。」李敖幽默的一番話，
逗樂了所有人，不只搭了台階，還在台階上鋪了華麗的紅毯，
也避免受訪者與記者一翻兩瞪眼的公關危機，這就是高明主持
人的典範！

4.4

分享婚禮的幸福喜悅
物超所值的付出，最到位

很難想像，在非婚宴會館的素食餐廳，一場溫馨的婚禮即將開始，但是主婚人之一、新郎的爸爸竟然不見蹤影？屋漏偏逢連夜雨，餐廳無線麥克風的方向定位有問題，兩支麥克風竟然無用武之地？

為了不讓準時到場的賓客久等，女主婚人示意我，不要等「失蹤失聯」的男主婚人，開場吧！

身為婚禮主持人的我硬著頭皮，遊走在八桌、百來位賓客間，提高嗓音「說故事」。或許這份隨機應變，再加上我娓娓道來新人的成長背景、愛情故事，來賓幾度給我熱情掌聲回應。

在〈D大調卡農〉的婚禮音樂響起，我主動走到場外，迎進兩位新人的同時，新郎爸爸悄然走進喜宴會場，終於讓我放下忐忑不安的心，正式進行儀式流程。

　　至於男主婚人怎麼會突然消失？原來他開車趕回家，要把前一天準備好的獨特送客喜糖帶來，幸好在親友對口味的讚不絕口中，這個驚險的小插曲，也變成歡笑的回憶了。

主持心法

> 　　物超所值的付出，讓每一位賓客感受到婚禮洋溢的幸福，也讓新人享受自己的婚禮。

　　無論在飯店還是婚宴會館，都有一套既定的婚禮流程，上網搜尋一下也有眾多版本可以參考，以下是基本範例：

〈婚禮流程範例〉

流程	內容注意事項	所需時間	開始時間	
			午宴	晚宴
婚禮彩排	與新人及家屬完整彩排一次婚禮流程、走位。	1 小時	11:00	17:00
賓客進場	請賓客配合接待帶位進場、下迎賓音樂。	30 分鐘	12:00	18:00
第一次進場	播放成長影片，花童、伴郎伴娘、主婚人與新人依序進場。	5 分鐘	12:30	18:30
致詞	主婚人、證婚人致詞。	5-10 分鐘	12:35	18:35

流程	內容注意事項	所需時間	開始時間	
			午宴	晚宴
正式開席	上菜，穿插音樂、表演。	25 分鐘	12:45	18:45
	新人退場、更換第二套禮服。			
第二次進場	播放新人愛情影片，第二次進場。	5 分鐘	13:10	19:10
新人互動遊戲	發小禮物、抽捧花、機智問答、才藝表演……。	15 分鐘	13:15	19:15
敬酒	新人與主婚人逐桌敬酒	每桌 2～3 分鐘，粗估 30 分鐘	13:30	19:30
	敬酒完畢新人退場更衣、準備送客，餐廳出菜到甜點水果。	25 分鐘	14:00	20:00
送客	新人到門口發喜糖答謝，與賓客拍照。	30 分鐘	14:25	20:25
清場	收拾打包、檢視賓客是否有遺落物品。	5 分鐘	14:55	20:55

在這樣的公式中，主持人如何建立自己的口碑與獨特性？那就是「物超所值的付出」。

熟悉新人的愛情故事

平凡的新人能夠享受不凡的婚禮，就是因為一段感情最後能開花結果，都十分不平凡！每一次我主持婚禮時，都會先與

新人溝通，了解他們的成長背景，記下愛情故事的來龍去脈，讓賓客在我的開場白中更進一步認識新人。

「為什麼新人表演的才藝是國標舞？」（主持人：兩人在大學國標舞社團認識……）

「喜糖是包種茶口味的，好特別！」（主持人：新郎出身在台北市文山區，一家人的假日時光是爬山品茗……）

「中場表演竟然是搖滾樂團耶。」（主持人：新人在流行音樂界工作，幾次合作之後，彼此相知相惜……）

花這麼多心血準備的婚禮，總是有很多「眉角」，主持人若能點出這些別出心裁的細節，就能加深新人家族與賓客的連結，除了讓大家有聊天的「話本」，也會讓婚禮更難忘！

別出心裁的祝福

除了既有流程之外，主持人應該為新人量身打造個人化的祝福，我總為新人撰寫「香檳賀喜，九字箴言」藏頭詩。例如我的臺藝大姚能鑽老師娶媳婦時，我為他的兒子禹安與新娘柔余，寫出下面的祝福：

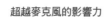

禹治大水救蒼生

安邦護國棟樑才

和睦相處敬如賓

柔順文雅格調高

余為仙女下凡塵

　　前後共有九句七個字的「祝福箴言」，我將新人的名字放
入句首，配合口白順序，最後一張動畫，才會跳出「禹」「安」
「和」「柔」「余」「永」「結」「同」「心」的完整祝福！
這量身訂做的九字箴言，是我經常送給新人的獨特賀禮。

重要的音樂選歌

　　婚禮的背景音樂是重要細節，每一首歌必須旋律舒服、輕
快之外，歌詞都要洋溢著幸福與祝福，絕對馬虎不得。

　　記得有一回，一名長輩奔出席間，氣急敗壞地問音控人員：
「這首歌是怎麼回事？」

　　原來播放中的，是一張九〇年代情歌精選CD，裡面收錄

了歌壇大哥李宗盛作詞作曲、女歌手陳淑樺演唱的〈你走你的路〉：「如果你的生命注定無法停止追逐／我也只能為你祝福／如果你決定將這段感情結束／又何必管我在不在乎／如果我的存在只是增加你的痛苦／為何你不對我說清楚／莫非我早該知道我將要孤獨／在我們相識的最初……」

在婚禮上播出分手情傷歌，真的是糗大了！如果主持人先看過一遍歌單，是不是就能彌補這項缺憾？

因此，千萬別把新人當人形立牌，也別以為賓客只在意菜色酒水，讓孩子有一場幸福的婚禮是天下父母心。讓主婚人感到體面，主持人應該自我期許：以最到位的付出，與每一位賓客分享喜悅，並將上一代婚姻中「愛的真諦」傳承予新人，也讓新人在享受自己婚禮的同時，體會到「婚禮與婚姻」的深刻意義。

4.5 團康活動讓全場 High 起來

抓住節奏，與觀眾共鳴

一大早，我與「優質生命協會」的志工們一起來到木柵老人養護中心。在小小的團康活動場地中，一眼望去，觀眾除了照顧者，絕大多數是長居此地的阿公、阿嬤。

場地愈小，熱場愈不容易，與老人家近距離的接觸，主持人話說的動不動聽？歌唱的有沒有引發共鳴？我的語言、肢體動作「是不是他們的菜」，觀眾立馬就給了最直接的回饋。

幸好我有一套法寶──「帽子歌后」鳳飛飛的經典組曲，這時唱老人家喜歡的歌就對了！在我經手的音樂婚禮中，鳳飛飛的歌曲向來大小通吃、老少咸宜，這些風行一時的歌曲突破了地域限制，總是能引起五十歲以上的朋友內心共鳴。

俗話說「一代人一代歌」，我們都經歷過台灣最純樸、辛苦打拼的年代。鳳飛飛的〈松林的低語〉、〈小河彎彎〉、〈相

思爬上心底〉、〈另一種鄉愁〉，讓這群阿公阿嬤嶄露笑顏，
也讓我這一天的團康志工行，感受到滿滿的正能量！

主持心法

要讓團康活動嗨起來，就唱觀眾最有共鳴的歌曲！

在醫院、安養院、養護中心主持團康活動時，我遇到的觀
眾，百分之八十是年長者，百分之二十是弱勢兒童。他們的健
康狀況不佳，在久病鬱悶的情況下，藝人志工比起去打歌或是
展現才藝，更應該把自己定位成去「慰勞觀眾」，表演他們有
興趣、和活動主題契合的曲目。

各年齡層不敗選歌術

例如紅翻天的〈小蘋果〉帶動唱，只要節奏一響起，小朋
友都捨不得走了，家長也會跟著駐足。而迪士尼動畫《冰雪奇
緣》的主題曲〈Let it go〉，就是許多小女孩的最愛。

我主持過大小場合，對於各年齡層的流行音樂喜好，有這

樣的觀察：

五、六十歲以上：鳳飛飛、鄧麗君、甄妮、劉文正、費玉清、蔡琴的經典組曲，最能擄獲長者的心。

四十歲世代：齊秦翻唱的〈月亮代表我的心〉，或是陶喆搖滾版〈月亮代表誰的心〉。

三十歲世代：周杰倫、蔡依林、五月天……。

二十歲世代：玖壹壹、黃明志、八三夭樂團。說真的，這麼年輕的曲目我幾乎沒唱過，新世代的主持人可以參考一下KTV的點歌排行榜，找到最能吸引年輕觀眾的歌曲。

有些歌手、樂團橫跨世代，能引爆二十、三十歲世代的不同話題，例如已解散的男子天團五五六六，二十歲世代從小看他們的節目，三十歲世代則是在批踢踢上討論他們。在五十一屆金鐘獎開場，五五六六驚喜合體，演出「五月天」主唱阿信封為「神曲」的〈我難過〉，就讓現場氣氛嗨翻天！

熱鬧好玩，動靜穿插

團康活動通常會安排一到一個半小時，重點是熱鬧好玩，

但也要動靜穿插，不要只讓觀眾排排坐，年紀小的觀眾坐不住，
年紀大的坐太久就昏昏欲睡。

　　要讓全場嗨起來，建議在兩段表演之間，穿插一個全體律
動的活動。但是也不用做得像演唱會那樣，讓觀眾全程起立、
從頭嗨到尾，而是要留一些喘息的空間！

〈團康活動流程範例〉
　　日期／時間：20××年×月×日，下午 15:00 ～ 16:30
　　地點：×× 安養中心大禮堂

時間	內容	總時數	主持人工作重點
15:00 ～ 15:10	暖場	10 分鐘	十個動作帶動唱跳，讓觀眾久坐前先活動一下。
15:10 ～ 15:20	主持人時間	10 分鐘	主持人開場：講笑話、說故事或是才藝表演。
15:20 ～ 15:25	第一次抽獎／有獎徵答	5 分鐘	介紹獎品，提高現場互動性，歡迎第一位登場表演者。
15:25 ～ 15:35	第一組表演者與訪談	10 分鐘	在表演結束後，加入觀眾感興趣的生活對談，進入抽獎。
15:35 ～ 15:40	第二次抽獎／有獎徵答	5 分鐘	介紹獎品，提高現場互動性，給上一段表演收尾，並且鋪陳下一段表演。
15:40 ～ 15:50	律動團體舞	10 分鐘	避免觀眾久坐精神渙散或是打瞌睡，應離座律動。

時間	內容	總時數	主持人工作重點
15:50 ～ 16:00	第二組表演者與訪談	10 分鐘	在表演結束後，加入觀眾感興趣的生活對談，進入抽獎。
16:00 ～ 16:05	第三次抽獎／有獎徵答	5 分鐘	介紹獎品，提高現場互動性，給上一段表演收尾，並且鋪陳下一段表演。
16:05 ～ 16:15	第三組表演者與訪談	10 分鐘	在表演結束後，加入觀眾感興趣的生活對談，進入抽獎。
16:15 ～ 16:20	第四次抽獎／有獎徵答	5 分鐘	介紹獎品，強調是最後抽獎機會，請觀眾把握，讓氣氛收在高潮。
16:20 ～ 16:30	散會	10 分鐘	播放散場音樂，觀眾離場，收拾場地。

　　看過這個範例參考流程，相信你也抓到了節目安排的節奏，而表演的形式有很多種，唱歌、跳舞、變魔術、說故事、樂器演奏五花八門。主持人要凸顯每一段表演的特色，而在每一段表演結束後安排抽獎、有獎徵答，更能與台下互動。

　　年輕時，我參加過軍友社勞軍服務，曾與四位女歌手、舞者搭檔進行勞軍，不僅主持，也表演團康活動，這方面算是箇中老手了。最早期在離島舉辦九十分鐘的勞軍活動，台下可能才坐七、八個阿兵哥，表演工作人員比觀眾還多。之後做出口碑，才到大場合演出，建議新手主持人可從小場地團康開始磨練，未來更 hold 得住大場面！

4.6

座談會要雨露均霑
別把掌聲只給大拇哥，看不到的地方也花心思

　　在一場座談會上，香港天王劉德華與我分享他的「大拇指哲學」，他說：「端一個杯不是只有大拇指，還有其他四指。」每一個很讚的場合，是來自許多人通力合作，華仔這番話，給了我很好的提醒，別只把掌聲給了大拇哥，應該讓每個恭逢盛會的人都能表現一番。

　　當年我主持「明星會客室」這個對談型節目單元，主打「將座談會搬進棚內」，邀請同屬性的兩位明星對談。影視歌三棲藝人任賢齊剛出道時，他透露自己一直很敬佩「中文饒舌教父」庾澄慶，但他們分屬於兩家唱片公司，不是同門師兄弟，平時沒有交流機會。得知小齊視哈林為偶像，我便邀了他們兩人一同來節目上對談。

　　透過節目搭橋，我也促成了歌手王傑、潘美辰這對酷男酷

女的相見歡。主持人藉由座談的形式搭橋，讓原本不認識的雙方有結緣的契機，直接或間接促成未來的合作，能夠成為許多人的「橋星」，也讓當時身為廣播主持人的我很有成就感！

主持心法

> 　　有多名分享者的座談會必須雨露均霑，讓每個人都能充分發揮，享受平均的關注。

　　回首在廣播《歡樂九九九》主持「明星會客室」，已經是二十年前的事，翻開節目製作幕後相簿，我與年輕偶像周湯豪的歌星媽媽比莉姐，以及正聲廣播公司新聞及節目部經理「郝姐」郝士英合影。郝姐是一代新聞界的女中豪傑，在黑白電視時代，她曾在電視劇中飾演過我媽，後來轉往新聞專業領域發展，也曾多次獲得廣播金鐘獎的肯定。郝姐給我重情重義的身教，她對新人老手一視同仁，這個態度至今都讓我受用無窮，令我永遠懷念她。

別獨厚大咖

一場座談會可能邀請二到三名分享者，若有重量級講者或大明星加持，主持人就不用太擔心座談會人氣。然而，現場還有其他分享者，主持人如果大小眼獨厚大咖，豈不是讓其他來賓坐冷板凳嗎？

A咖「混搭」B、C咖的目的，就是希望互相拉抬，並且兼顧議題的各種面向。主持人在綜合論壇、Q&A時間應該平均分配鎂光燈，讓所有分享者充分參與，這也是基本的「尊重」。

〈座談會、論壇流程範例〉
日期／時間：20×× 年 × 月 × 日，上午 10:00 ～ 12:00
地點：×× 大學視聽教室

時間	內容	總時數	主持人工作重點
9:30 ～ 10:00	講者與聽眾報到	30 分鐘	確認講者、貴賓出席名單，建立聯絡人資料庫。開場前的準備。
10:00 ～ 10:05	主持人開場	5 分鐘	扼要說明座談會的宗旨，簡單介紹每個階段的講題。
10:05 ～ 10:10	貴賓致詞	5 分鐘	蒞臨的重要來賓輪流發言，每人三到五分鐘，切忌不要比講者的時間還長。

時間	內容	總時數	主持人工作重點
10:10 ～ 10:30	第一位講者	15 ～ 20 分鐘	介紹講者的背景，協助控制時間，並介紹下一個分享議程。
10:30 ～ 10:50	第二位講者	15 ～ 20 分鐘	介紹講者的背景，協助控制時間，並介紹下一個分享議程。
10:50 ～ 11:10	第三位講者	15 ～ 20 分鐘	介紹講者的背景，協助控制時間，做出小結。
11:10 ～ 11:20	中場休息時間	10 分鐘	中場休息時間回收提問單，主持人看提問狀況，準備一些口袋問題。
11:20 ～ 11:40	綜合論壇時間	20 分鐘	由主持人穿針引線，平均拋出三個討論方向給三位講者。
11:40 ～ 12:00	Q&A 時間	15 ～ 20 分鐘	事先整理好聽眾提問，平均分派給三位講者，或是觀眾現場舉手發問。

座談時間別太長

　　這個表格呈現座談會的骨幹，人的注意力集中時間有限，根據心理學家研究，幼兒大約七分鐘，但成年人也沒有長到哪裡去，大約只有七到十分鐘，這也是為什麼電視節目每過十幾分鐘，就要進廣告，讓觀眾的精神鬆弛一下。

　　若給每一名講者超過三十分鐘的時間，除非講者唱作俱佳又擅長掌握節奏，一般而言，觀眾很快就會注意力渙散，不如縮短時間，讓講者精簡扼要地發言。主持人適時拋出問題、接

話、圓場，扮演座談會中的關鍵角色，充分發揮控場的功能與
價值。

掌握 Q&A 節奏

當個別分享告一段落，要進入綜合會談前，應該安排一個
中場休息時間，讓聽眾、觀眾去上廁所、舒展一下筋骨。這時
主持人卻不能鬆懈，應廣播回收座談會 Q&A 回條，並統整現
場想要詢問講者的問題，以及分配一下由誰回答哪個問題、何
時與如何下指示，如有餘裕，也確認一下他們會講什麼。

Q&A 回條能幫助主持人場控，也能讓發問者有心理準備，
畢竟在台灣對大多數人而言，當眾舉手發問需要較多的勇氣。
但如果要採用紙本的形式接受提問，事前必須先設計問卷，請
工作人員發給觀眾填寫再回收，也需要一番前置作業。

有時候觀眾的反應會一面倒，只對某位講者的議題或分享
的內容感興趣，這時主持人就該做球給其他來賓：「這個問題，
我們就交給某某來賓回答。」「某某來賓，你怎麼看？」

預先準備口袋問題

不能光期待來賓提問，主持人也要準備幾個口袋問題。如果現場回響踴躍，自然不用擔心；萬一 Q&A 時間乏人問津，就能拿出來救急。

這時預做 Q&A 回條或問卷還有一個優點，由於觀眾不知道哪個問題是主持人的「暗樁」，說不定會暗暗欽佩是哪一位觀眾這麼認真，想到令人激賞的觀點。

也很可能主持人拋出一個口袋問題後，就突破了冷場瓶頸，打開觀眾提問的開關，讓場面熱絡起來。主持人一定要多花些心思，在別人看不見的地方也表現一番！

4.7

使命必達的義賣會
主持人變身超級推銷員

　　在一場「二〇一七愛心起家年慈善公益藝術拍賣」的前四十八小時，明華園團長陳勝福打電話給我，希望我與東方戲曲天后孫翠鳳共同主持。

　　這回不僅準備時間相當匆促，依照我的經驗，為了讓足夠的善款挹注到 NGO，主持人必須使出渾身解數賣出畫作，堪稱義賣會的頭號推銷員，背負著「業績」的壓力！我一開始想推辭，而陳團長從我年輕拍電影時期，就是我的「頭家」，除了盛情難卻，他也安慰我：「有台灣首席拍賣官陸潔民扛責任，你不需要壓力這麼大。」

　　話雖如此，我還是拚命在四十八小時之內，與助理共同協作，從六十幾件版畫、油畫作品與眾多的作者資料中，擇要整理出七張 A4 手稿。

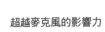

　　義賣會當天，我與翠鳳上台開場，我們是老朋友了，搭檔起來從容自在、默契十足。拍賣官陸潔民長年浸淫在藝術界，對每一幅畫作的背景、流派都能信手捻來。我們主持人適時穿插相關生活話題，讓整場氛圍更親切活潑。

　　與這兩位拍賣會的靈魂人物搭檔，讓我經歷了一場上台前非常煎熬，但上台後輕鬆享受的盛會！

🔈主持心法

　　擦亮義賣品的偶像光環、講出每一件義賣品的動人故事，並且讓得標最高價義賣品的貴賓備受尊榮，是義賣會主持人的使命。

　　我主持過各類慈善晚宴、義賣餐會，二十幾年累積的心得，莫過於事前準備非常傷神，而且是主持人的知名度、形象、信任度大考驗，每一次都是深刻的學習與挑戰！

　　拍賣會可以「流標」，但「義賣」是為了籌措助人的善款，也可能是一個 NGO 組織的年度經費，因此擦亮義賣品的偶像光環、發掘有魅力的介紹內容、給予精彩的串場，是主持人對

主辦單位、義賣物品以及貴賓的基本尊重。

撇步一 擦亮偶像光環

買一根毛，你願意花多少錢呢？「凱倫哥，你別開玩笑了，誰會花錢買一根毛？」我沒有開玩笑，台美混血歌手費翔的一根胸毛，就以新台幣十二萬元標售給狂熱粉絲，這名粉絲另以五萬元，標下費翔配戴的戒指。

「不得了，一根毛比戒指還貴！」對，這就是不得了的偶像光環，從偶像身上「土生土長」的一根毛髮，在粉絲的心目中，比偶像配戴的工藝製品更有價值好幾倍。

這種有大明星偶像光環加持，售價是成本十倍百倍的義賣品並不常見。如果義賣品沒有足夠的偶像光環，就必須與市售品有所區隔，又具備動人故事，才能打動買主、開心成交。

撇步二 故事打動人心

試想，現在的義賣品是一本名作家的手抄筆記，外觀看起

來破破爛爛，滿是墨水痕跡，你會怎麼介紹呢？

「這是大作家某某的筆記本，很有歷史的。」這是想當然耳的資訊，來賓看義賣型錄的基本介紹就好了，此刻主持人最重要的工作，是用故事打動買主。

「這本手抄筆記是大作家的靈感泉源，他坐在棒球場觀眾席最外圍，觀看那場逆轉勝的經典戰役時，忽然感受到謬思女神的羽毛從天而降，點亮了他的心。筆記本第幾頁的某個段落，就是他名揚四海的出道作開場……」

接著朗誦大師名作的開場，大家聽到故事、想像畫面，融入大作家的作品思路中，一本破舊的筆記本，頓時變成夢想的藏寶圖！

然而，義賣會總有許多例外狀況，叫主持人抓破腦袋。例如名人捐了隨身小物，卻找不到他本人來站台，無法感動粉絲、帶動買氣；或者是義賣品來自廠商贈與，被名人釋出純粹是因為「用不到」，既欠缺與義賣場合的關聯性，也沒有感人的背景故事，遇到上述情況怎麼辦？這時，就考驗主辦人的威望了。

撇步三 主辦人的威望

義賣會的成功與否，和景氣有高度關聯，景氣好，所有義賣品售罄不成問題；景氣差，任憑主持人喊破喉嚨，還是門可羅雀。

一場義賣會的起手式，是從最平價的義賣品開始喊價，隨著活動推進，義賣品單價愈來愈高，最後由最昂貴的義賣品壓軸。依我的經驗，幾乎沒有貴賓是一時興起來競標高價義賣品的，但若壓軸義賣通通流標，對主辦單位而言，更是面子裡子雙輸了。

義賣會也考驗主辦人的人脈實力，能請到愈多經濟優渥、喜好藝術投資的朋友們列席愈好。主持人務必先行確認，會買下高價品的「暗樁」在哪裡，才能順著風向帶動現場氣氛，並讓暗樁貴賓感到參與義賣有十足的尊榮。

撇步四 事不過三

義賣會通常憑餐券入場，與會來賓已經認購餐券，等於有

所贊助了，主持人若再軟磨硬耗，搞得大家感官疲乏，恐怕事倍功半。

因此每一段義賣的流程，以介紹、喊價三件義賣品為限，接著就要「換場」，穿插表演節目，讓來賓休息一下。主持人也不會累積好幾件義賣品都無人問津的挫敗感，讓整場義賣會籠罩著不安。這就有點像賭場內莊家連輸三局，就會換人「換手氣」的潛規則一樣。

義賣會主持人如此費心、承擔壓力，但成就感也非同小可，因為站在買主的立場將心比心，讓他們買回家的不只是一件商品，還是一個有血有肉有靈魂的故事，以及無價的好心情！

4.8
彰顯逝者與重視生者的追思會
為生命畫下愛的句點

　　金雞年關將近，許多人正準備過年時，我接下能源航運董事長程正平的追思音樂會。儀式前兩天，我與夫人張甯正式順完講稿的所有內容，接下來，她談起先生突然病發，三十二天在病榻前相處的點點滴滴。我專注傾聽她的心聲、關注著她的淚水，同時動手記下每一字、每一句打動我的細節⋯⋯

　　最後，她鬆了一口氣：「謝謝你，今天終於能安心睡覺了。」

　　家屬的安心託付，是我身為主持人的最大報償。回家後我振筆疾書，立刻完成了「夫人張甯 Enzo 的真心話」並傳給她。

　　追思會中，夫人站在講台上懇切地訴說：「今天的追思音樂會，在接近倒數計時的日子，我開始有一些堅持、固執，是因為正平讓我有勇氣，去照著你喜歡的感覺，來辦這場音樂會，也讓孩子知道，爸爸除了不計一切地投入公益之外，對他們的

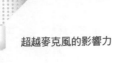

愛，從來沒有停止過。」現場感動的氛圍久久不散。

🗣️主持心法

　　彰顯逝者的德行與功績外，不要忘記前來觀禮的生
者！主持人要提醒大家珍惜當下與健康，活著就是希望。

　　「追思會」是我非常重視的主持工作，卻也是最花心思的。
畢竟，逝者的成長過程、努力軌跡與轉折背景，在生命最後一
程的關鍵時刻，是不容隨興出口的。好的主持人必須將所有內
容文字化後，向親屬或委託人逐一求證、核對，才能夠出現在
台詞中。

銜接流程的注意事項

　　禮儀公司會掌握追思會的大致流程，那主持人要做些什
麼？就是做好串場的穿針引線，銜接好每一段氣氛，讓感動能
有許多層次，並且逐漸深化。新手主持人必須注意以下流程的
細節：

一、**親友緬懷**：由親友代表朗讀追思文。

二、**家人緬懷**：由逝者的家人如夫人、長子、長女為代表，表達家人的不捨之情以及無限的追思。

三、**音樂追思**：用音樂帶出故事，展現逝者的人生態度、感情與事業追求，以及熱心公益的形象，是主持人最應用心著墨的一段。

前述能源航運董事長程正平曾獲得企業形象最高榮譽的「金商獎」，他生前熱愛海洋與船，因此追思音樂會主題定為「海水正藍，乘長風，破萬里浪」，並圍繞著這個主軸來挑選曲目。

主持人要讓歌曲與人相得益彰，介紹在朋友眼中的程董事長總是笑看人生，因此有一曲〈空笑夢〉；他總是敢愛敢恨，情歌〈小薇〉最能代表他積極追求夫人的熱情；只要他想做的事情，總是勇往直前，如同乘長風，破萬里浪，〈瀟灑走一回〉就是他個性的縮影。

四、**唱名公祭儀式**：

1. 家屬出列

2. 一次唱名完所有公祭名單

3. 所有來賓起立，向我們敬愛的　　　鞠躬，表達悼念

4. 家屬答禮，來賓請坐

五、家屬致謝：

家屬代表的真心話時間，表達追憶與懷念。主持人必須密切溝通，讓家屬說出心中的話，必要時與家屬一起討論講稿。

在程董事長的追思會上，夫人張雩分享了「大家不知道的程正平」：「我最親愛的老公，真正的程正平，他是一個做什麼事情都認真投入的男人。在飛機上起飛或降落時，他會馬上糾正還在打手機的人，為什麼不守秩序呢？生活中，他經常扮演糾察隊的角色，每一個當下，他都是這麼認真，唯獨對自己的健康，他竟然忽略了找醫生看病？」不只呈現逝者堅強與柔軟的一面，也提醒親友要注重身體健康。

六、主持人結語

提醒來賓，在每一個「當初」，說好要做一輩子的朋友、要當一世夫妻的牽手，卻在生離死別後驚覺，打破承諾的經常是生命的無常，生者更要珍惜當下，活著就是希望。

主持人的定位

　　在華人社會，「喜事」、「白事」的界線分明，經常擔任白事的主持，拿喜事場合麥克風的機會就不免減少。初持主持棒的新人應該清楚思考定位，並且自我惕勵，在任何場合執起麥克風，都是用生命在主持！用生命影響生命，就能發揮「超越麥克風的影響力」！

5

超越麥克風的影響力
你，也可以成為主持人

5.1

把握每一個主持機會
冷靜面對瓶頸，持續精進

二〇一〇年，我的兒子陳銳年少輕狂，成為社會新聞的焦點。那一年，我錄完《大愛會客室》第兩百六十四集，隨即向大愛電視台請辭，希望專心處理家事。一出公司門口，久候的攝影機鎂光燈劈哩啪啦作響，隔天報紙的頭版照片，是我哭喪著臉離去。

我愣愣地看著鉛字墨水印刷的自己，感覺竟十分陌生，腦海中念頭是：「我的人生怎麼搞成這樣？」

但理性上我也深知：「自己像幽靈一樣過日子，還想學太陽照亮別人，太不切實際了。」兒子的官司要打多久？律師費用需要多少？⋯⋯我一點頭緒也沒有。

親友推薦了一位「高人」為我指點迷津，但是與高人懇談後，我的迷惑卻剪不斷、理還亂。一個人失魂落魄地走上松山

路與忠孝東路的天橋，下面是來來往往的車流，我站在天橋正
中央向下看，腦中一陣迷茫……

🔲主持心法

　　天有不測風雲，人有旦夕禍福，遇到事業瓶頸先冷靜，
除了精進才能，更要感謝、珍惜每一段緣分，把握每一個
主持機會，才能成為歷久彌新的主持人。

　　人在順境時，邀約不斷；逆境時，冷板凳會坐多久不得而
知！在二〇一〇年的家事之前，我自以為已走過人生的困頓。

　　從童星成名、青少年沉寂，退伍後出唱片圓歌手夢，卻跑
太快不謹慎，讓我的演藝之路跌落谷底。一九八九年轉型做主
持；一九九一年的第一座金鐘獎，讓我的主持事業顯露出曙光；
二〇〇八年拿到第三座金鐘獎，就在一帆風順之際，「家事」
讓我的事業擱淺，接踵而來的是五年官司。幸好，我選擇堅持，
與家人一起面對一切。

遇到困境先冷靜

當年在我腦袋迷茫、差點做傻事的時刻，我的手機響了
——

「你在哪？」一位資深媒體朋友看了早上的報導，急忙打
電話給我。

「天橋上。」

朋友立刻警覺我的狀況不對：「你在那裡幹嘛？」

「我在想……」

「先下橋、別亂走，我去找你，帶你去散散心。」

朋友開車趕來，載我去北投泡溫泉，說來神奇，緊繃的肌
肉在熱水中慢慢鬆弛下來，魂魄回到軀體內，腦袋終於能正常
運轉了——活著從來不是一個人的事，我不能只獨善其身。

發心回饋社會

二〇一〇年除夕夜，沒有親朋好友的賀年電話，陳銳在士
林看守所高牆內「進修」，家中三老默默吃著食之無味的年夜

飯。那段時間，每周去監所探望兒子一次，變成我與妻子的生活重心。為了不讓自己生疏於麥克風，不論場面大小，每一個主持機會都一定要把握。

有一回，我擔任「中華明星公益體育協會」主辦的監所公益活動的主持人，身為「高牆內的家屬」，我深刻體會到什麼是強顏歡笑的主持。訪談每一位前來做公益的藝人，他們的生命中，都有一段與監所有關的故事，因此讓他們發心要助人更生、回饋社會，這份志向，令我感動又佩服！

之後我更加投身公益，不只是發心去服務、慰勞這些難得有娛樂的「高牆內同學」，他們也帶給我正向的回饋。我發現自己只要拿起麥克風，人就回春了，變成不是自己年紀的活潑，而「時遭不遇，只宜安貧守分；心若不欺，必有揚眉之日」，長達七年的事業低谷也惕勵了我，人是活到老、學到老。

自我精進

五年之間，我也三不五時為慈濟主持海外募款活動。猶記「兩性婚姻管理專家」吳娟瑜老師在我的節目上探討：「好馬

是否能吃回頭草？」

　　吳娟瑜從國中老師、報社、電視媒體工作者、培訓機構到知名演說家……，她一直勇往直前，沒有回頭過！「如果，你真的那麼在乎『原配』，那就努力改變，充實自己。」

　　當年，吳娟瑜遇到小三介入婚姻時，第一時間也崩潰得動了輕生的念頭，但她決定遠渡重洋到美國，痛下四年苦功，取得社會學碩士學位歸國，令老公刮目相看，反而對她「黏巴達」。當初唯命是從的小女人，因為不放棄婚姻而努力，讓自己的真實人生，柳暗花明又一村。

　　吳娟瑜的以身作則提醒了我，主持是一條無悔的路，不要再對過去放不下，努力朝著面前的標竿而跑，人生才有希望。在事業的低谷，我重拾課本當學生，從臺灣藝術大學學分班念起，後來轉進廣電在職專班。

　　不少比我年輕的教授、講師都說：「凱倫哥，你的資歷夠當教授了，怎麼還來念書？跟其他學生一起考試趕報告？」我都告訴他們，「聞道有先後，術業有專攻」，老師們是我尊敬、學習的對象，沒有年齡之別！除了系統性的充電，我也期許自己的身教，能鼓勵兒子靜下心來學習。

　　每一年生日，我都希望自己在舞台上度過。六十歲的生日，我也要拿著麥克風主持。二〇一七年我即將大學畢業，迎接遲來四十年的大學文憑。我深刻體悟到，再大的困境，只要真心想克服，一咬牙就會度過。不論在哪個年代，主持人也跟各行各業的工作者一樣，擁有真材實料才能歷久彌新。我珍惜每一段緣分，不管機會大小都要把握珍惜，各種場合的歷練都值得深深感謝。

5.2　超越麥克風的影響力
從服務聽眾、觀眾，到服務社會

　　臺灣藝術大學與上海戲劇學院、北京聯合大學，以及大陸各地的藝術學院進行文化研習交流，學校指派我每次負責三小時的「全方位主持人課程」。在這樣有限的時間內，不擅於長篇大論的我，決定用說故事的方式，向這些來自大陸各地的學生，甚至碩、博士生，分享我與「金曲歌王」蕭敬騰的專訪。

　　「省話一哥」蕭敬騰自幼有閱讀障礙，完全無法吸收課本中的文字所傳達的內容。小時候是「不念書」的問題學生，青少年時期變本加厲，總是在學校打架鬧事，讓父母師長傷透腦筋。幸好少輔組主動來親近他、陪伴他，得知他有音樂專長，便去申請經費買了一套爵士鼓，讓家中經濟不寬裕的他可以練習，還能指導其他大朋友、小朋友打鼓。接著，幫他報名「善心人士獎」，問題少年老蕭因此得到市政府表揚，建立起自信

心，也讓他主動走入少輔單位，他說：「那溫暖，讓我想要變成一個更好的人。」

果真如預期般，老蕭現身說法的訪問得到熱烈迴響，引導受訪者講出最觸動心弦的故事，讓聽眾、觀眾都想和蕭敬騰一樣「變成一個更好的人」，這是我從事主持工作感到非常欣慰的事。或許，這就是超越麥克風的影響力吧。

> **主持心法**
>
> 讓聽眾、觀眾想「成為一個更好的人」，是熟悉麥克風的主持人的終極目標。

為什麼少年時期的蕭敬騰願意對少輔組敞開心扉？他自言，少輔組不會像其他大人一樣，強迫他去做大人覺得小孩「應該」做的事，只是陪伴、親近並聊聊天。這份溫暖，不知不覺中牽引著他，「讓我覺得自己是有用的人，不是社會的負擔。」

音樂讓蕭敬騰找回了自己，他總是泡在音樂教室裡練習，有時候連家都沒回。除了音樂教室老闆很欣賞這位有高度熱忱的年輕人，父母看到兒子不再打架鬧事，也認為他留在音樂教

超越麥克風的影響力

室很好,默默地支持他走音樂這條路。

身教是最好的榜樣

差點成為小混混,幸好被及時拉了一把,才成為今日「金
曲歌王」、「十大傑出青年」的蕭敬騰,他回首青少年令父母
痛心、叛逆的日子,如今強烈感受到家庭與親情的可貴。他在
二〇一二年發行的《以愛之名 It's all about LOVE》專輯中,
收錄了〈爸爸〉一曲,「爸爸他只是個大朋友/他禁不起你那
麼激動/他單純的愛你比愛誰多/你就多讓他點走/外面有很
多的誘惑/你別出去的太久/他希望你最晚十點鐘/因為他
會一直守候」,接下來餘韻繞梁的歌詞「爸爸等待/等待 for
you」,讓粉絲們心醉。

為了自我充電,也鼓勵兒子認真向學,不要等到在社會上
打滾一陣子了,才發現受限於學歷,於是年近花甲的我,報考
臺灣藝術大學廣電系在職專班,展開睽違四十年的學生生涯。
一把年紀要讀懂廣電法規、傳播研究方法與理論,跟八年級生
一起拚期末考,這輩子從沒有這麼大的壓力,但我想要證明自

248

已是個「勇敢、有夢不老的老爸」，必須以身作則。

除了讓兒子體會老爸的用心良苦，我也希望能鼓勵更多年輕人。於是我將照片加上聲音旁白，製作出「有聲有影的廣播」，沒有煩悶的說教，才能將許多道理潛移默化到觀眾的內心。其中一段作品就是「年輕時，我不懂？那就是愛！」，描述陳銳前往北京電影學院念書時，身為父親的我替他打包行李、送機的心情。

年輕時，我不懂？那就是愛！

「孩子，在你出發前還在睡夢中，爸爸已經起床幫你重整行李，要扎實地打包，才能節省空間……，這是老爸的經驗。」

「要不是重整行李，怎麼會發現你愛穿的那件毛呢外套掉了兩顆扣子……及時為你縫補，再添厚襪、毛褲，加上一件英國製的百分百羊毛灰毛衣……」

「陳銳的媽似乎特別不放心他一個人單飛，明明已進了海關，還要等在機場大廳看狀況，以防萬一他忘了什麼，還能幫忙，普天下的媽媽都是這麼不捨與擔心嗎？」

　　當畫面切到桃園機場送行，來上「全方位主持人課程」的大陸學生中，幾位女同學已經忍不住低頭拭淚。她們從內地到沿海求學，何止千里迢迢，可能將近萬里的交通航程，每年只有舊曆年期間能回家。大陸春運的交通人潮洶湧，拖著大行李抱怨各種不便時，或許不曾想到家鄉父母是抱著怎樣的心情，目送孩子離開，而下次再見，就是一年的倒數計時。「應該多陪陪爸媽的，每次回鄉，都只想找以前的朋友玩⋯⋯」

　　一位男同學，真誠地分享他將來不打算生孩子的想法，理由是成長過程中，父母不斷嘮叨養小孩又貴又麻煩，讓他覺得「我為何要找自己麻煩」。然而，看過這支影片後，他比較能理解父母的嘮叨不是字面意思，而是父母總有操不完的心，讓他對家庭有不同看法了。

　　身為傳播文化的一份子，如果我的麥克風不僅服務觀眾、聽眾，也對社會產生正向的影響力，這是多麼令人振奮的成就感！

5.3

你，也可以拿麥克風！
企業內部主持人與素人主持的進修之道

　　誰說主持是演藝人員的專利？素人就無法拿主持棒嗎？我有一位朋友在公司任職，該公司的 CEO 生日時，朋友帶著同仁安排了節目，有整人的、有搞笑的，還有溫馨的橋段，不時虧、不時捧，逗得 CEO 哈哈大笑。當時，剛好還有其他友好企業的老闆在場，身歷其境充滿該公司企業文化的慶生會，留下深刻印象。之後，這位友好企業的老闆特別向 CEO 借將，點名朋友去幫他主持活動。

　　朋友的經歷讓我想起自己當年，瓜哥找我去主持歌廳秀時，我也曾推托過：「我不會主持。」是瓜哥豪氣干雲地保證要教會我，讓我踏出這一步。不過，由於我的性格中對鎂光燈有趨光性，還有一份「只要站上舞台，就要使出渾身解數」的幹勁，儘管我不是主持的天才，也曾經不得要領過，但經過多年的努

力，走到了今天。朋友的故事與我的經歷可以證明——只要有心，你，也可以拿麥克風！

主持心法

　　企業內部主持人比外聘主持人更了解公司文化，只要努力嘗試、做足功課，你的主持之路就有機會打開。

　　許多 B2C（Business to Consumer）企業每一季甚至每個月都有新產品問世，要舉辦記者會、新產品發表會、粉絲見面會，或是對談講座等活動。企業內部也經常有各種會議、團康活動與年度的尾牙春酒等，大小場合都需要主持人。每個月若舉辦一到兩場活動，一整年下來就有十幾二十幾場，場場外聘主持人所費不貲，許多公司便不假外求，由最了解產品特質與企業目標的同仁來執掌麥克風，擔綱活動主持。

　　然而，不少平常活潑開朗、能說善道的同仁「台下一條龍，台上一條蟲」，為什麼有些人上了台就無法正常發揮？這很可能是欠缺主持經驗，不知道怎麼做功課，沒有設想突發狀況，而在台上手足無措，遭遇了一次滑鐵盧，從此就對麥克風敬而遠之。

素人主持的首要功課

事實上，一開始不得要領很正常！畢竟，素人不像演藝工作者每天跑通告，有很多磨練，然而相較於職業主持人，企業內部的主持人也有強項，就是比外聘主持人更了解組織文化、產品特性，懂得避開「深水區」，拿捏分寸。因此，素人主持的首要功課就是讓自己不怯場。

不怯場心法一 日常辦公室練就主持力

許多人以為，星光大道才算是滿滿的大平台，事實上，日常的辦公室就是最佳舞台。在提案會議、進度會議、業績報告、檢討會議中，都有主持人的角色或是上台的機會。把握每一個表達自我的場合，留意開口說話的方式，確認自己的發言能否讓同仁抓住重點、快速理解。除此之外，多多觀察老練的會議主持人，他們是如何扮演好這個角色的，怎麼掌控流程、串場說話、引導發言等，讓會議進行順暢。

不怯場心法二 將觸角伸向不同領域

熟悉職場環境的主持之後，可以試著將觸角伸向不同群體，

進行自我挑戰。不少高階經理人透露，他們「最討厭去學校演講」，首先是離開學校多年，生活經驗與慣用言語與學生族群有代溝，準備講題無所適從，再加上今天的學生中，人手一支智慧型手機、平板的比例高，隨時隨地滑個不停，想要吸引住他們的目光十分不容易。如果你希望能與五湖四海的聽眾、觀眾產生交集，就不要替自己設限，不妨多去了解和不同群體交流時，需要運用怎樣的語言。

不怯場心法三 放下身段取悅觀眾

例如青春期的學生對兩性、感情世界好奇，除了韓劇韓星，他們廣泛接受動畫、漫畫、遊戲的「ACG文化」。如果開口講對動漫人物的名字和招式，瞬間就能融入並與對方打成一片了！

除了因地制宜，主持人也要「與時俱進」。假設一位明星十幾歲時，以青春偶像的定位出道，演藝事業走過十幾年，過程中可能轉型，改走歌唱、演技實力派路線，他與粉絲不僅人生閱歷增加，心境也成熟了不少。主持人的發展也是如此，要隨著時間調整，就像水一樣，裝在不同的容器中，能展現不同形象和格局。

勤能補拙的準備技巧

企業活動通常一個月前，甚至更早就會排進行事曆，開始籌畫、分配工作。接下主持人的任務之後，要先認識活動宗旨，才能夠理解流程，抓住大方向。我建議，至少在兩個星期前進入細節，分別從自己的穿著、活動主角的風格、觀眾的需求、活動彩蛋等四個面向入手。

準備技巧一 合適的穿著

當天的穿著要適合該場合，主持人是襯托紅花的綠葉，切記不要搶了主角的風采。都市日常生活匆促而忙碌，充滿灰撲撲的氛圍，主持人的自我期待是：「經過這場活動後，大家的面目都可以明亮起來。」

準備技巧二 研究主角的風格

在數位時代，上 Google 或 YouTube 搜尋活動主角的背景資料、演講、分享會影片，是主持人尋找靈感的重要參考。當年輕主持人搭配閱歷豐富的大咖時，經常氣勢一面倒，觀眾對主角的一言一語驚喜不已，很可能看待主持人的眼光就冷淡許多。

　　不同於演藝界大牌主持人的自成一格，企業內部的主持人更多時候扮演著配合、輔助的角色，遇到強勢的活動主角，主持人只要適時地做球，烘托出主角的風格，讓主角、觀眾或聽眾滿意即可，不用強迫自己把氣勢奪回來！

準備技巧三 掌握觀眾的需求

　　活動最怕冷場，即使觀眾、來賓或記者拋出天馬行空、甚至荒誕不經的問題，我都認為：「只要參與者願意互動，每一個問題都是好問題！」主持人必須是最了解整個活動意義的人，同時要去揣摩觀眾（或是媒體）最好奇什麼、對什麼感興趣，並透過流程安排，準備口袋問題等來滿足大家。為了達到這個目的，必要時技巧性岔開尷尬問題，以笑話轉移焦點，都是主持人可以做的。

　　主持人要給自己這樣的目標：「透過這場活動，替觀眾發掘產品特色／新服務／獨到觀點！」

準備技巧四 活動彩蛋

　　公司活動無論怎麼變化，都還是有一套既定流程，週期性舉辦的活動要有新的彩蛋、小驚喜，這每每讓活動企劃與主持人抓破腦袋，如何才能創造出新的亮點呢？

這時候可以加入活動主角的個人元素，例如在一場新書分享會之前，先瀏覽作者的 Facebook，看看作者最近有什麼生活趣事，或是重現作者分享故事的時空背景。多了一些畫龍點睛的細節，活動就會增添濃濃的人情味，也能讓參與者驚喜不已。

給內部主持人掌聲鼓勵

台上一分鐘，台下十年功，看別人做很容易，也讓許多人低估拿麥克風需要付出的努力。在台上握主持棒的感覺，就像電影中的子彈時間，每一秒都被放慢、特寫，也讓台下一覽無遺，而優點容易被忽略，缺點卻被擴大檢視。

一般而言，在台灣的職場環境中，恐怕很少人喜歡當出頭鳥，願意主動擔綱主持，承擔大局，這份勇氣與多付出的心血，就值得肯定。何況風水輪流轉，哪一天原本當觀眾的你也有可能拿起主持棒，上台主持活動，不要吝於給予他人掌聲與鼓勵。

本書指導了專業主持人應有的態度、開口感動人的說話術，還有包括衣著色彩等實戰策略，以及全方位主持人勝任各種場合的技巧，對於企業內部主持人與素人主持而言，有很高的參考價值。把握主持的進修之道，充分準備，相信你也能從畏懼鎂光燈，變成享受鎂光燈，喚醒自己沉睡的主持潛能！

後記

獻給未來的新秀主持人

　　劉德華當紅的九〇年代，被媒體問到一個尖銳的問題：「請問劉天王，你看現在長江後浪推前浪，新人輩出，你會不會擔心自己『過氣』？」

　　劉德華回答是：「我早就過氣了，但是我隨時將自己重新歸零，回到新人的心態，不斷給自己充電打氣，我用『爭氣代替過氣』，我一點都不擔心。」這麼有智慧的人生哲學，對新生代「懷抱星夢」的年輕人來講，絕對是一個很大的鼓勵。

　　我曾與名主持人黃子佼分析偶像成功的條件，提到創作才子王力宏，佼佼說：「天生帥得沒話講，又才華洋溢，他對事業吹毛求疵程度，是讓人難以想像的！」

　　佼佼的好麻吉、華語歌王「周董」周杰倫不只有天分，又「熬得住寂寞」，還沒發跡之前，周杰倫是睡在錄音室，與方

文山騎著車到處賣歌，熬得住才有今天！剛出道的周杰倫戴棒球帽登台，帽沿壓得極低，只看得到鼻頭以下，超級害羞，但他對音樂的堅持，讓他今天成了抬頭挺胸的「周董」！

贏在態度

提到周杰倫，不得不提有一回我飛到杭州工作，下飛機時，看到兩個女孩拿著手機，鏡頭對準一位一身黑、戴口罩的清秀男子：「拍到了！拍到了！」從她們興奮的表情研判，有一位當紅偶像與我坐同一班飛機，連大陸海關人員都鼓譟起來：「他帶著大口罩耶！」「誰啊？」「周杰倫！」

我在排隊通關時叫了聲：「杰倫，我是陳凱倫，我常在廣播上報導你的動態、消息……」

「謝謝，凱倫哥，不好意思剛才沒認出你來！」周杰倫與他的助理很有禮貌地回應了我。

通關時，周杰倫主動讓我先行通關，這個小動作，讓我對他有了不同的看法。這是我第一次這麼近距離與他對話接觸，一個有禮貌、有教養、懂倫理的年輕當紅藝人，令人刮目相看。

他的成功不是偶然的，他的夥伴也如出一轍的有禮，讓我想為他按一百個讚！

能夠在演藝界拿主持棒歷久不衰，實力、容貌不見得是第一，有時候一個小動作就能博得別人的好印象；一個好印象，經常就是一個機會之差。

開口，讓貴人接引

要怎麼得到機會？除了自己爭取，還需要貴人助一臂之力。黃子佼自言，他從小就很外向活潑，在學校的英語歌唱比賽自我調侃，逗得評審哈哈大笑，進一步將冠軍榮銜頒給他。他曾請兩個親戚的孩子當合音天使，不顧路人的眼光，在退潮的沙灘上模仿演藝大哥高凌風的招牌曲。而他心中的頭號偶像，是「小燕姐」張小燕，因此在十六歲時，佼佼報名素人選秀節目《青春大對抗》的比賽，毛遂自薦要去向她學習。

佼佼在節目上出色的表現，不僅贏得好口碑，也讓他成為小燕姐第一個簽下來的年輕藝人，師徒兩人合作將近三十年，佼佼說：「我與小燕姐，不只像外人眼中，母子家人般的情感。」

小燕姐是他生命的導師，用身教示範如何從素人成為觀眾的寵兒。

沒有張小燕，就沒有黃子佼，佼佼傳承了小燕姐的韌性、持久力，以及照顧後輩的主持風格。黃子佼在二〇一四年敲響金鐘，可謂是主持界的佳話。很多年輕人不敢開口「要」，機會就被有行動力、敢開口的人捷足先登了，所以展現你的企圖心，開口並行動，讓貴人接引你！

堅守職業倫理

有實力、有貴人相挺，成功不難，難在如何維持，驚豔之後還要不斷給觀眾驚嘆號。我想告訴未來的新秀主持人，要長久拿著麥克風，務必要遵守職業倫理。

對新世代談職業倫理看似老套，但「造假說謊」、「公開洽談中的合約」等行為，一直都是大禁忌。現在網路太方便了，網紅們頻頻更新動態、上傳照片到 Facebook、Instagram、Twitter 或微博，藉此與讀者、粉絲互動，當按讚、分享成為習慣，讚數、轉貼數變成競賽時，人就容易沉不住氣、藏不住話，

動輒抖出不該曝光的事情。

　　曾有新生代主持人與老東家洽談續約之際，就在粉絲專頁公開了「競爭對手」名單、與他接觸過的新創團隊，甚至被「破梗」未來可能的合作內容，藉此營造自己炙手可熱的形象。然而，新創最怕 Know How 見光死，大公司也對「眼中只有自己、沒有團隊」的員工敬而遠之。

　　網路搜尋、備份截圖太容易，謊言容易被拆穿，傷人的話會永遠留下紀錄，即使付出十倍努力，都不見得能彌補逾越職業倫理造成的傷害。之後這位主持人的職涯發展如何，自然就不難預料了！為了炒作一時的聲勢殺雞取卵，完全不值得。

善待每個小螺絲釘

　　我的主持事業曾在低谷徘徊，二〇一〇年我向待了十五年、從創台主播、主持人就耕耘的「慈濟大愛台」遞出辭呈，好專心面對兒子的官司。走過這些年的沉潛、省思，更讓我深刻體悟到「沒有人是不能取代的」。

　　有實力、有人緣，才能在受挫後再起，我們看見大人物的

成就，卻常忽略在大人物的背後，是許許多多小螺絲釘組成的團隊。天之驕子、天之嬌女更應時時提醒自己，務必善待每個螺絲釘，大家可能因為你有迷人的外表、殷實的家世、顯赫的地位，即使被冒犯也吞忍下來，但已在心中的人情帳本記上一筆，等待時機去兌現。

有些「人生勝利組」是天生完美、受到祖上庇蔭，也有人是白手起家，鍥而不捨地努力，最後享受倒吃甘蔗的人生。請未來的新秀主持人從現在開始，認真傾聽別人，設定目標、虛心學習、累積實力，莫忘將功勞歸給團隊，並且珍惜每一段友誼與緣分，成為頂尖的主持人！

國家圖書館出版品預行編目資料

超越麥克風的影響力／陳凱倫著. -- 初版. -- 臺北市：商周, 城邦
文化出版：家庭傳媒城邦分公司發行, 2017.06
　　面；　　公分

ISBN　978-986-477-260-5（平裝）

1.說話藝術　2.溝通技巧　3.職場成功法

192.32　　　　　　　　　　　　　　　　　　106008539

超越麥克風的影響力

表達藝術與全方位主持實戰技巧

作　　　者／陳凱倫
文 字 整 理／陶曉嫚
責 任 編 輯／程鳳儀
版　　　權／翁靜如、林心紅
行 銷 業 務／林秀津、王瑜

總 經 理／彭之琬
發 行 人／何飛鵬
法 律 顧 問／台英國際商務法律事務所　羅明通律師
出　　　版／商周出版
　　　　　　城邦文化事業股份有限公司
　　　　　　台北市中山區民生東路二段141號9樓
　　　　　　電話：(02) 2500-7008　傳真：(02) 2500-7759
　　　　　　E-mail：bwp.service@cite.com.tw
發　　　行／英屬蓋曼群島商家庭傳媒股份有限公司　城邦分公司
　　　　　　台北市中山區民生東路二段141號2樓
　　　　　　書虫客服服務專線：(02)25007718．(02)25007719
　　　　　　24小時傳真服務：(02)25001990．(02)25001991
　　　　　　服務時間：週一至週五09:30-12:00．13:30-17:00
　　　　　　郵撥帳號：19863813　戶名：書虫股份有限公司
　　　　　　讀者服務信箱E-mail：service@readingclub.com.tw
　　　　　　城邦讀書花園www.cite.com.tw
香港發行所／城邦（香港）出版集團有限公司
　　　　　　香港灣仔駱克道193號東超商業中心1樓
　　　　　　電話：(852) 25086231　傳真：(852) 25789337
　　　　　　E-mail：hkcite@biznetvigator.com
馬新發行所／城邦（馬新）出版集團【Cite (M) Sdn Bhd】
　　　　　　Cite (M) Sdn Bhd
　　　　　　41, Jalan Radin Anum, Bandar Baru Sri Petaling,
　　　　　　57000 Kuala Lumpur, Malaysia.
　　　　　　電話：(603)9057-8822　傳真：(603)9057-6622　Email: cite@cite.com.my

封 面 設 計／徐璽工作室
電 腦 排 版／唯翔工作室
印　　　刷／韋懋實業有限公司
總 經 銷／聯合發行股份有限公司　　電話：(02)2917-8022　　傳真：(02)2911-0053
　　　　　　地址：新北市新店區寶橋路235巷6弄6號2樓

■ 2017年06月06日初版　　　　　　　　　　　　　　　Printed in Taiwan
■ 2022年09月20日初版5.4刷

定價／350元

城邦讀書花園
www.cite.com.tw